제2판

평생학습사회를 위한

회의진행

– 만화회의진행 · 연설문 –

안홍선 저

교육과학사

머리말

현대사회에서 시간을 효율적으로 사용한다는 것은 현대인의 필수이다. 회의문화가 원활하게 진행되기 위해서는 회의규칙과 절차를 잘 알아야 하고 참석자들의 다양한 의견을 창출해야만 회의가 요구하는 목적을 잘 달성할 수 있다. 그러나 회의란 너무 복잡하고 규칙이 까다로워 올바른 회의가 진행되지 않는 것을 우리 주변에서는 많이 볼 수 있다. 이 교재는 알기 쉽고 간편하게 회의를 진행할 수 있도록 다음과 같이 구성했다. 제1부는 회의 원칙과 회의진행, 제2부는 회의의 실제와 사례로 구성되었으며, 특히 만화로 보는 회의진행을 구성하여 독자의 흥미도를 높였으며, 제3부는 각종 연설문으로 편집하여 연설문 작성시에 참고할 수 있도록 하였다.

2판에서는 새롭게 회의진행지도사 1, 2급 민간자격증을 취득할 수 있도록 하여 본 교재의 효율성을 증대하였으며 연설문을 새롭게 보충하였다.

평생학습사회를 살아가는 리더들이 필수적으로 갖추어야 될 회의진행규칙을 이 교재를 통하여 사회단체 구성원들과 올바른 의사가 집약되기를 바란다.

JC(청년회의소)에서 배우고, 느끼고, 체험한 것을 바탕으로 한국JC연수원 교수와 대학강단에서 학문연구를 하는 학자로서 이 책을 쓰면서 부족함을 느낄 때마다 격려를 주신 전 한국

JC연수원 회의법 주임교수인 권창범 교수님과 후배 사랑하는 마음과 용기를 주신 전 한국JC연수원 교수부장을 역임하시고 40대 한국JC 중앙회장을 지내신 조충훈 순천시장님 이 두 분의 추천의 글에 감사한다.

이 책의 완성도를 높이기 위하여 교정을 도와준 사랑하는 아내 정홍윤, 회의진행과정을 만화로 엮어준 제자 김수진 군에게도 고맙다는 말을 전한다.

끝으로 이 책을 출판할 수 있도록 도와준 교육과학사의 김동규 사장님과 정경식 부장님께 감사하는 마음을 전한다.

2016년 9월

평생교육경영 인재아카데미 연구실에서

안 홍 선

추천사 · 1

세상이 빠른 속도로 변화하고 있다. 아니, 변화라는 표현보다 더 실감나는 단어를 찾고 싶은 심정이다. 특히 사회 및 문화의 변화는 서서히 바뀌어 가고 그 단위가 100년 정도로 구분하여 우리는 세기로 표기하곤 했다. 그러나 지금의 변화는 그 속도를 더해 10년 아니 5년이 옛날인 듯하다. 중요한 생로병사의 문화에서 청소년 문제, 교육문제 등의 변화는 그 변화에 따른 대응책이 시급한 상황이다. 그 변화를 적극적으로 대응하지 못하면 그 부작용은 실로 심각한 상황에 이른다. 그 대책으로 교육이 가장 중요할 것이다. 그러나 그 교육시스템, 내용, 교육자 등이 그 변화를 따라가지 못해 안타까운 현실이다.

여기에 우리에게 희망을 주는 교수가 바로 안홍선 박사다. 그는 교육자가 갖추어야 할 지식이 필요할 때는 한없이 깊이 있는 학문을 배출해 내고, 교육과정에서는 한없이 인간적이며 친화적인 인품으로 피교육자와의 벽을 허무는 특성을 가지고 있다. 그래서 그의 교육효과는 최고다.

2판에서는 회의진행 지도사 1, 2급 민간자격증을 취득할 수 있는 기회를 마련하였다니 회의에 관련된 일반인들도 손쉽게 본 교재를 활용하여 자격증에 도전할 수 있는 충실한 교재로 거듭날 수 있을 것 같다.

안홍선 박사는 이를 증명하듯 교육대상을 가리지 않고 분

주하게 뛰고 있다. 학부의 학생에서 석·박사학위를 준비하는 전문 교육과정은 물론 청년에서 평생학습 현장에 이르기까지 말이다.

이번에 출간하게 되는 회의진행법 책의 구성도 그의 성품과 장점을 표현하듯 그림을 추가하여 파격적 구성을 갖춘 전문 서적이다. 특히 변화의 시대에 극단적 이기주의와 갈등을 정리할 수 있는 회의진행법은 안홍선 교수가 시대정신을 실천하기 위한 고뇌에 찬 고언일 것이다.

안홍선 박사의 교육현장에서 땀 흘리는 정열과 이 책의 발간이 우리 사회를 밝게 만드는 초석이 되기를 기원한다.

2016년 9월

한국청년회의소 제40대

중앙회장 조 충 훈

전 한국JC연수원 교수부장

순천 시장

추천사 · 2

다양한 자질을 보여준 안홍선 박사

교육의 대상은 개인뿐만 아니라 국가의 미래를 위해 끝없이 갈고 닦아야 하는 미완의 터전이며 교육자는 후학들의 밝은 미래를 위해 미완의 터전을 끊임없이 갈고 닦아서 그 결과를 피교육자들에게 보다 이해하기 빠르게 전수시켜야 할 것이다.

안홍선 박사는 부지런하고 대화하기 편하며 항상 뭔가 새로운 것을 추구하는 노력형 교수이다. 그는 JC에서도 강의를 통해 피교육자들에게 배우려는 의욕을 돋우어 주려고 JC에 관한 연구에 스스로 몰두하였으며 이에 관한 논문으로 학위를 받을 만큼 실사구시형 학자이다.

2판에서는 회의진행 지도사 1, 2급 민간자격증을 취득할 수 있도록 교재의 효율성도 높일 수 있길 바란다.

그는 오래전부터 민주주의 사회에서 한국의 젊은이들이 선진국 젊은이들보다 앞서기 위해서는 회의 기법을 익히고 이를 통해 회의를 잘할 수 있어야 한다고 굳게 믿었으며 그래서 접근하기 어려운 회의법 연구를 누구나 알기 쉽게 배울 수 있도록 하려고 3년여 기간 연구한 끝에 이 책을 내놓은 것이다.

아무쪼록 교육일선에 있는 안홍선 박사가 산고 끝에 빛을 보게 된 이 책을 통해 우리나라의 관심 있는 모든 사람들이 회의법에 익숙해져서 세계 어느 나라와도 견줄 수 있는 자랑스런 선진시민이 될 수 있기를 기대한다.

2016년 9월

전 한국JC연수원 회의법 주임교수

전 국제회의법학회 회장 권창범

차 례

제3부 연설문 모음

1부 회의의 원칙과 회의진행

제 1 장 회의의 개관

01 회의의 목적

(1) **많은 사람의 중지를 모으는 데 있다**(정권용 · 강재태 2006: 13-14).

– 여러 사람의 능력이나 슬기에 의존함이 없이 혼자서 생각하고 어떤 사항을 결정하는 것은 독재자들이 행하는 방식이다.
– 많은 사람의 의견을 종합함으로써 인간 평등이 이루어지고 민주적인 방법을 취할 수 있다.
– 정보가 많이 쏟아지므로, 단 한 사람의 지식과 능력의 한계를 넘을 수 있다.

(2) **좋은 인간관계가 육성된다.**

– 서로 이야기를 교환함으로써 인간관계가 호전된다.
– 상대편의 입장도 이해가 가며, 자기의 입장도 이해를 받게 된다.

– 평소에 별로 접촉이 없던 사람들도 이를 통해 연대감이 생기고 동료 의식이 강해진다.

(3) 좋은 아이디어가 창출 된다.

– 각양각색의 사람들의 의견이 모아져서 새로운 각도에서 사물을 보게 된다.
– 뜻밖에, 문제 해결의 실마리를 발견할 수가 있다.

(4) 참여 의식을 높인다.

– 자신도 토의에 참가해서 결론을 내보고 싶다고 하는 의식을 갖게 된다.
– 설사 자기의 의견과 다른 결론이 나왔다 하더라도 기꺼이 응하는 자세가 생긴다.
– 종업원 상호간에 활성화되고 동기를 부여함으로써 기업의 성장에 크게 작용한다.

(5) 경영 방침의 전달 · 실행을 자연스럽게 한다.

– 회의를 통해 결정된 경영 방침은 사원 전체에게 올바르게 전달 될 수 있다.
– 관리자급은 물론, 일반 사원에 이르기까지 잘 숙지시켜서 방침을 구체적으로 실행할 수 있도록 한다.

(6) 기업목적에 대해서 보조를 맞춘다.

- 기업의 각 부문끼리의 기능을 상실하고 패권 다툼 등과 같은 상황에 빠졌을 때 즉각 이를 시정하고, 원래의 기업 목적에 맞추는 윤활유가 될 수 있다.
- 기업의 방침을 구체적으로 실행하는 데 있어서 전체적으로 통일 된 활동을 가능케 한다.
- 각 부서 각자의 활동을 낭비가 없는 효율적인 것이 되도록 한다.

(7) 문제나 장해를 해결한다.

- 개인의 힘만으로는 부족한 문제 해결을, 회의를 통해 좋은 결과를 얻을 수 있다.
- 기업 내에 장해 요소가 발생되었을 때 복수의 사람이 여러 의견을 모아 해결할 수 있다.

02 회의의 역사

회의진행법의 시초는 집단생활을 영위하던 유목민들의 생활로부터 근원을 찾을 수 있다. 유목민들의 생활방식에 있어서는 집단의 방위를 위하여 공동으로 일치단결해서 외적을 막아내야 했으며 살기 좋은 초원을 찾고 그곳을 풍요한 곳으로 만들기 위하여 협동정신의 발로가 요구되었던 것이다. 이들의 생활방식에 있어서는 필연적으로 훌륭한 지도자를 필요로 하게 되었고 지도자는 훌륭한 추종자를 요구하게 되었다(허규, 1997:21).

이러한 관계가 성립되려면 집단이 요구하는 점이 무엇인가를 파악해야 했다. 이 요구를 찾아내는 방법으로 회의진행법이 생기게 된 것이다.

공식적인 기록에 의하면 회의는 처음 영국에서 극히 초보적 단계로 생성되었으며, 이후 수백 년을 거쳐 관습적으로 발전되어 오다가 1560년대에 영국 의회에서 최초로 회의에 관한 규칙들을 사용하였다. 회의 규칙에 관한 책자는 1583년 T. Smith경에 의해 처음으로 발간되었다. 그 후 미국으로 건너간 회의법은 미국의 제3대 대통령 토마스 제퍼슨이 1801년 체계적이고 통일적인 미국 최초의제퍼슨 회의 법을 제정하였으며, 이후 의회가 아닌 일반단체나 조직에서 널리 통용되는 회의 규칙을 필요로 하면서 이를 제정하여 사용해 오고 있다. 그 중에서도 전 세계 많은 나라의 단체나 기관에서 가장 많이 쓰이는 회의 규칙은 1876년 미국인 Henry M. Robert가 제정한 로버트식 회의 규칙으로써 오늘날 국제청년회의소(JCI), 국제라이온스협회 등은 헌장에 명시하여 사용하고 있다(국제회의법연구회, 1998: 16, 한국청년회의소, 1994: 11).

우리민족은 농경민이었기 때문에 생활이 한 곳에 정착되어있었으며 빈번한 이동도 필요 없었고 집단과 집단 간에 마찰도 적었다.

그 결과로 자기를 보호하기 위하여 집단을 만들 필요도 없었고 집단에 소속될 필요도 없었다. 또한 한민족은 유목민들과 같이 공동의 이익을 추구하기 위하여 지역사회를 가꾸려 하지 않고 자기 집과 자기농토만 가꾸면 이익추구는 끝나는 생활방식이었다.

한국인들에게 어떤 일에나 관계하지 않으려는 타성이 생기게 된 원인을 근대사에서 찾아보면 조선조 5백년 동안에 정승벼슬을 지낸 사람 가운데 반수 이상이 어떤 사건에 관계를 가졌다가 제명에 죽지 못하고 사형 내지 유배를 당하였다.

우리나라는 해방과 더불어 민주주의식 회의진행법이 도입되었으나 민주주의 역사가 일천한 한국민으로서는 2000여 년의 역사를 가진 민주식 회의진행법이 소화되기 힘든 것은 당연한 일이다(한국회의법연구소 1997: 21-23, 허 규).

03 회의의 의의와 필요성

1) 세 사람만 모여도 문수보살의 지혜가 생긴다(단체경영 연구회, 1992: 167-169).

「세 사람이 모이면 문수보살(지혜와 덕을 맡아보는 보살)의 지혜가 생긴다.」라는 속담처럼 회의의 의의와 본질은 이 속담이 뜻하는 바와 같이 가급적 많은 사람의 의견을 듣고 그 많은 생각 속에서 좋은 것을 찾아내는 데 있을 것이다.

위의 속담과는 달리 「오합지졸」이라든가 「사공이 많으면 배가 산으로 오른다.」는 속담처럼 회의는 단지 간단히 의견을 교환하는 것만으로는 결코 일이 잘 진행되지 않는다. 그래서 회의 법, 회의규칙이 필요해지는 것이다.

(1) 회의의 정의

회의란 참가자를 될 수 있는 한 공통의 이해의 장에 세우고, 어떤 문제에 관해 서로의 견해를 승인하고 또 납득이 가는 결론을 내리기 위해 구두로 의견을 교환하는 모임이고 관리의 수단이다.

다시 말해서 회의란 특정의 의제 또는 문제를 탐구하여 해결하기 위해 갖가지 의견이나 정보를 적극적으로 교환하여 공통의 이해로써 의견이 일치를 꽤해 행동화 하도록 구성된 하나의 회합이다.

(2) 회의의 조건

① 회의에는 목적이나 토의가 있다.
② 여러 사람이 한 장소에 모인다.
③ 지식이나 경험, 의견의 교환이 적극적으로 이루어진다.
④ 목적을 달성하려고 노력한다.
⑤ 회의에는 회의를 진행시키는 마무리역(리더)이 있다.

(3) 회의의 효용과 역할

① 중지를 모아 공동의 결론을 얻는다.

② 많은 사람을 참석시켜 조직내의 팀웍을 만들어준다.

③ 책임을 자각시킨다.

④ 지식, 경험을 계통적으로 조직화한다.

⑤ 조직이 원만히 운영되고 관련책임을 명확히 한다.

⑥ 구성원들이 자기 의사를 효과적으로 표현할 수 있는 능력을 길러준다.

⑦ 대화와 타협, 토론과 설득을 통하여 발전적 개념으로써 민주생활의 원리를 배우게 해준다.

⑧ 남의 의견을 잘 듣고 분석하여 자기의 주장을 체계화하는 분석, 비판력과 논리적 능력을 길러준다.

⑨ 참가의욕의 개발, 즉 참가 인정은 인간 공동의 욕망으로 공개 장소에서의 발언은 자연히 책임을 수반하고, 결론이 자기와 달라도 합의되기까지의 과정에서 자기도 참가했다는 자각을 낳게 된다.

(4) 무엇을 회의에 부치는가

회의의 안건으로 상정할 때는 다음 기준을 참고로 하여 선택한다.

① 전체의 의사를 필요로 하는가.

② 여러 사람과 관계가 있는가.

③ 한 사람의 권한 밖에 있는가.

④ 개인적 성격이나 인신공격에 해당하지 않는가.

⑤ 힘의 결속이 필요한가.

⑥ 일일이 사람을 소집할 필요성이 있는가.

⑦ 아이디어 적출이 가능한가.

04 회의의 효과

1) 회의 과정에서의 효과(임영규, 1996: 23-26)

(1) 계획성의 증진

① 계획성의 증진

- 회의를 계획하고 종료시키기까지 여러 절차를 거치면서 '계획'이라는 것의 중요함을 체험한다.
- 어떤 업무를 실시하는 데 있어서, 결코 형식적으로 행동해서는 안됨을 깨닫고 한 가지의 회의를 무사히 완료시키기까지 치밀한 '계획성'이 키워지게 된다.

② 창조성의 증진

- 사고방식이나 직종의 차이, 여러 사람들의 교류나 회의의 기획운영 등을 서로 교환함으로써 자신도 모르는 사이에 창조성이 키워지게 된다.

③ 책임감의 증진

-어느 하나의 회의를 계획함에서부터 종료시키기까지 각종의 업무를 책임을 가지고 나아가게 되면 이는 즉 다른 모든 일에 대한 책임감으로도 연결된다.

④ 인간관계의 증진

-여러 사람과의 절충이나 의견을 토론함으로써 지금까지 자신의 범위 이외의 폭넓은 사람들과 교류를 하게 된다.
-여러 입장의 사람들과 대화를 나눔에 따라 인간관계의 중요성을 느끼게 된다.
-현대의 조직체 사회에서 유익한 인간관계의 필요성을 절감하는 동시에 스스로 훌륭한 인간관계의 향상을 위해 노력하게 된다.

⑤ 협조성의 증진

-몇몇 사람들이 공동 노력을 기울여 토론함으로써 여러 사람들과 협조하는 정신을 기른다.
-혼자서 아무리 열심히 해도 잘 되지 않는 일을, 회의나 토론을 통해서 효율적인 해결을 보았던 경험을 통해 협조성과 사회생활에 필요한 방식을 습득한다.

⑥ 자기 계발의 증진

-회의에 참석함으로써 보통 경험할 수 없었던 다른 사람과의 접촉을 통해 자기계발을 위한 계기를 얻는다.

⑦ 모랄의 증진

－회의의 운영 과정에서 만들어지는 '만족감' 및 '의식'을 통해 참가 경영도가 생기게 되고 실제로 모랄 의식도 증가한다.

2) 실무적인 입장에서의 효과

① 일의 기본을 익힌다.

－회의의 경험을 통해 일의 기본적인 사항, 작업의 상식적인 업무를 익힐 수 있다.

－즉 한가지의 작업을 단기간에 응축시켜 수행하는 효과를 얻을 수 있다.

② 일의 어려움과 재미를 익힌다.

－회의의 비교적 짧은 사이클 중에서 어려움과 즐거움을 체험하고 그 나름대로 실무에서도 어려움과 재미를 익힌다.

③ 팀워크를 익힌다.

－비록 단기간이기는 하지만 몇 사람의 공동 토의, 공동작업들을 통해 팀워크의 중요함을 느끼고 실제로 팀워크를 파악·개선하기도 한다.

④ 관리 능력을 익힌다.

−각각의 업무를 매니지먼트 사이클에 맞추어 비교적 단기간에 체험할 수 있는 것이 회의이므로 이를 통해 관리 능력을 얻을 수 있다.

제2장 회의의 규칙

01 회의의 용어

(1) 회의

– 의장이 개회를 선언하고 난 후, 여러 가지 의안이 처리된 다음 의장이 폐회를 선언하여 마칠 때까지의 모든 과정을 말한다.

(2) 개회

① 회의를 시작하는 것을 개회라 한다.

② 국회와 같이 회기가 여러 날 계속될 경우에는 처음 소집되어 열리는 회의를 개회라 한다.

(3) 개의

① 의장이 개회를 선언한 후 회기중의 어떤 날에 회의를 시작하는 것을 개의라고 한다.

② 회기가 여러 날 계속될 경우 매일 매일의 회의에서 그 시작에 쓰이는 말이다.
③ 수정 동의를 가리키는 개의와는 구별하여야 한다.

(4) 회기

① 회의의 개회로부터 폐회 때까지의 기간을 회기라고 한다.
② 회기는 짧은 시간에 끝나는 것도, 국회의 회의처럼 여러 날 걸리는 것도 있다.
③ 학교에서의 회기는 대체로 한 회의가 시작되어 끝날 때까지로 보아야 한다.

(5) 폐회

－회기의 맨 마지막에 회의를 끝마치는 것을 폐회라 한다.

(6) 산회

－회기 중 개회부터 폐회까지의 회의에서 그날 그날 회의의 끝마침을 산회라 한다.

(7) 휴회

① 회기가 여러 날로 정해져 있을 때 회기 중 회의를 하지 않는 날을 휴회라 한다.
② 산회와 다음 개의 사이의 회기 중에 쉬는 것을 말한다.

(8) 정회

－회의 도중 피로하거나 식사 등의 필요가 있을 때 쉬기 위

하여, 또는 심한 의견 대립, 장내의 소란 등으로 회의를 일시 정지한 상태를 정회라고 한다.

(9) 유회

– 회의가 의사 정족수 미달 등의 사유로 개의되지 못한 상태를 유회라고 한다.

(10) 동의

① 어떤 의안을 일정한 형식을 갖추어 제안하는 것을 동의라고 한다.

② 동의(動議)는 동의(同義)와 구별하여야 하며, 동의(同義)는 찬성으로 표현하는 것이 좋다.

(11) 수정 동의

– 동의에 원칙적으로 찬성하면서도, 수정이 필요할 때 글자는 약간의 줄거리를 더 넣거나 빼자는 등 내용 일부를 고치자고 하는 제안을 말한다.

※ 대안: 원안의 취지를 근본적으로 변경시키지 않는 범위 내에서, 원안의 전부 또는 어떤 부분을 다른 말로 완전히 바꾸어 버리는 경우와 같이 많이 수정하는 경우를, 조금 수정하는 경우(수정 동의)와 구별하여 대안이라고 한다.

(12) 재청

① 동의 제안자 이외에 다른 찬성자의 찬성을 재청이라고 한다.

② 일반적으로 동의는 재청을 받으면 의안으로 성립된다.

(13) 부의(상정)

① 적법하게 성립된 동의를 회의에 붙이는 것을 부의(상정)라고 한다.
② 동의와 재청이 있으면 의장은 이를 기각하지 않는 한 회의에 부의하여야 한다.

(14) 의사 일정

−회의에서 정한 개회 일시, 회의 시간, 회의의 항목과 순서 등을 포괄적으로 가리켜 의사 일정이라고 한다.

(15) 의사 통칙

−회의에서 필요에 따라 마련한 회의 운영에 관한 규칙이다.

(16) 무기연기

−보류와 별 차이는 없으나 이 동의가 가결되면 연기된 의안은 부결된 것과 마찬가지로 같은 회기에서는 다시 제출할 수 없게 된다. 보류로써 이 동의의 목적을 달성할 수 있으므로 우리나라에서는 쓰지 않고 있다.

(17) 정족수

−회의를 열고 결의하는 데 출석자의 최소한도의 수효를 말한다. 정족수의 기준은 현재의 실수인 재적수와 법정 정족수의 둘이 있는데 현재 국회의 정족수 기준은 실수

인 재적수를 기준으로 산출하고 있다.

※그러나 정족수 미달로도 결의할 수 있는 동의가 있다.

예) 개회할 시간이 경과하여도 정족수가 못 되어 유회하여야 할 때는 다음 개회하는 일시와 장소를 지정하여야 하므로 정족수 미달로써도 의결할 수 있으며 휴회와 휴게의 동의도 결의할 수 있다.

※우리나라 국회법에서는 회의를 개회할 수 있는 의사정족수가 재적의원의 4분의 1 이상인 데 비하여 영국 상원은 재적의원수가 1075명인데 회의를 개회할 수 있는 의사 정족수는 3명 이상이다. 일본 의회는 법정 정족수에 의하여 운영되지만 우리나라 국회는 재적 정족수에 의하여 운영되고 있다.

(18) 긴급동의

–의사일정을 변경하는 동의를 보통 긴급동의라고 한다.

(19) 축조심의

–한 조항 한 조항을 따져서 수정해나가는 것이다.

02 회의의 일반적 원칙

회의의 원칙이라면 매우 딱딱한 의미로 받아들여진다. 그러나 이러한 원칙이 없다면 회의진행은 매우 산만하게 진행될 수밖에 없다. 특히 정족수의 원칙, 일의제의 원칙, 일사부재의 원칙, 다수결의 원칙은 다른 원칙들 보다 더욱 중요하다(정권용·강재태, 2006: 26-33).

(1) 발언자유의 원칙

회의 진행은 다양한 의견을 가진 참석자들의 대화와 타협을 통하여 그 조직의 최종적 의사를 하나로 결정해 나가는 과정인 것이며 이러한 과정은 어떠한 의미에 있어서는 발언의 연속이라 할 수 있으므로 각 참석자에게는 질의, 토론 등 자유로운 발언이 보장되어야 한다.

민주주의는 비판과 토론, 반대의 자유를 가진다. 다만 제약된 시간 내에서 발언권을 평등하게 가지기 위해서 발언 시간과 발언 회수를 제한하고 있으며 회의의 효율성을 위하여 내용상의 제한을 두고 있는데 이는 의제 외 발언금지, 타인 모독 발언금지, 타인의 사생활 발언금지, 의사진행 방해 발언금지 등이다.

의회식에서는 의원의 자유로운 발언을 보장하기 위해서 ① 의원은 다른 의원의 발언을 방해할 수 없으며 ② 다른 의원의 발언에 의해 진행되고 있는 발언이 중단되지 아니하며③ 발언 중 산회 또는 회의중지로 발언을 마치지 못한 경우에는 회의가 다시 속개되어 그 안건을 심의하는 경우에는 그 발언을 수반할 수 있는 기회를 부여하고 있다.

(2) 회의공개의 원칙

회의는 원칙적으로 공개하여야 한다. 우리 의회는 지역주민 또는 국민의 대표로 구성되는 기관이므로 회의진행의 모든 과정을 공개하여야 한다. 회의공개는 지역주민 또는 국민에 의한 의회의 감시가 가능토록 하는 한편, 다음 투표 시 올바른 투표권을 행사하는 데 필요한 판단자료를 얻을 수 있는 기회를 부여한다. 일반적으로 회의의 공개라 함은 방청의 자유, 보도의 자유 및 기록의 공표를 의미하는데, 모든 회의를 공개하는 것이 아니라 특별한 경우에는 회의를 비공개로 진행하기도 한다.

그리고 의장은 회의장의 질서를 방해하는 방청인을 퇴장시킬 수도 있는데 이러한 제재조치는 회의장내의 질서유지를 위한 최소한의 조치이므로 회의공개의 원칙에 위배되는 것은 아니다.

(3) 정족수의 원칙

회의에 있어서 의안을 심의하고 그것을 의결하는 데는 일정한 수의 인원이 필요하다. 이 일정 수의 참석자를 가리켜 정족수라 한다. 즉 의사를 유효하게 성립(의사정족수)시키고, 의결(의결정족수)을 위해 필요한 최소한의 출석인원을 말한다. 일반적으로 정족수의 기준으로서는 현재의 실수인 재적수와 법정의 정원수가 있으며, 정족수는 회의체의 규모와 여러 가지 형편에 따라 그 규정을 달리 할 수가 있다. 정족수 미달인 경우에도 폐회, 휴게, 차기회의일시, 장소 결정은 가능하다.

① 의사정족수

의사정족수는 회의를 개회하는데 필요한 요건 즉, 성립요건인 동시에 회의를 계속하는데 필요한 계속요건이다. 따라서 회의중에 의사정족수가 미달인 경우에는 의장은 회의의 중지를 선포하여 의사정족수가 될 때까지 기다려서 속개하거나 의사정족수에 도달할 가망이 없을 때에는 산회를 선포한다. 의사정족의 수치는 각 단체의 특성에 맞추어서 미리 정해 놓고 있다. 동창회 등과 같은 친목단체에서는 의사정족수를 일정한 수치로 정해 놓지 않고 '의사정족수는 참석의원으로 한다.'라고 미리 정관에 정해둔다.

② 의결정족수

의결정족수는 재적의원 3분의 2 이상, 재석의원 3분의 2 이상, 재적의원 과반수, 재석의원 과반수 등이 있다. 의안을 표결하려고 할 때 출석하고 있는 의원이 의결정족수에 달하지 못하면 의장은 표결의 중지를 선포하고 의결정족수에 달하는 것을 기다려서 속개하여 표결하거나, 의결정족수에 달할 가망이 없을 때에는 산회를 선포한다.

㉮ 재적의원 과반수와 재석의원 과반수

과반수에는 재적의원 과반수와 재석의원 과반수가 있다. 예를 들어100명의 의원을 가진 단체에서 재적의원 과반수는 51명부터 100명까지를 말한다. 출석의원 과반수는 의안을 표결할 때 출석의원이 51명이었다고 가정하면 이때의 출석의원 과반수는 26명부터 51명까지를 말한다. 만약 다음 의안을 표결할 때 출석의원이 61명으로 늘어났다고 가정하면 이때의 출석의원 과반수는 31명부터 61명까지를 말한다.

이상과 같은 날에도 출석하고 있는 의원수의 변동에 따라서 출석의원 과반수의 수치는 변동된다. 그러므로 어떤 의안을 표결하려고 할 때는 출입문을 닫고 서기는 현재 출석하고 있는 표결수를 계산하여 당시의 과반수 숫자를 미리 발표하고 표결에 임하는 것이 바람직하다. 100명의 의원을 가진 단체에서 표결에 들어갈 수 있는 의결정족수는 51명 이상이다. 이때에 출석하고 있는 의원이 50명이어서 1명이 모자라도 표결에 들어갈 수 없다. 즉, 51명중 26명의 찬성으로 의안은 가결되지만 50명이 출석하고 있을 때, 50명 전원이 찬성하여도 의안은 가결될 수 없다. 왜냐하면 의결정족수가 미달일 때의 표결은 무효이기 때문이다.

㉯ 재적의원 3분의 2 이상과 출석의원 3분의 2 이상

3분의 2 이상에는 재적의원 3분의 2 이상과 출석의원 3분의 2 이상의 두 종류가 있다. 예를 들어 100명의 의원을 가진 단체에서 재적의원 3분의 2 이상은 67명부터 100명까지를 말한다. 출석의원 3분의 2 이상은 의안을 표결할 때 출석의원이 60명이었다고 가정하면 이때의 출석의원 3분의 2 이상은 40명부터 60명까지를 말한다.

만약 다음의안을 표결할 때 출석의원이 90명으로 늘어났다고 가정하면 이때의 출석의원 3분의 2 이상은 60명부터 90명까지를 말한다. 이상과 같이 같은 날에도 출석하고 있는 의원수의 변동에 따라서 출석의 3분의 2 이상의 수치는 변동된다.

만약에 표결하려는 의안이 재적의원 3분의 2 이상으로 가결되는 의안이라면 출석하고 있는 의원수가 재적의원 3분의 2 이상이 되지 않으면 표결에 들어갈 수 없다. 예를 들어 100명의 의원을 가진 단체에서 출석의원 과반수로 가결되는 의안을 표결하려면 51명 이상이 출석하고 있어야 하지만 재적의원 3분의 2 이상으로 가결되는 의안을 표결하려면 67명 이상이 출석하고 있어야 한다.

★출석의원 3분의 2 이상의 수치 산출법: 재석수에서 찬성수를 제외한 나머지수의 2배 이상이 찬성수가 될 때 통과가 된다.

(4) 일의제(동의)의 원칙

회의에서는 언제나 한 번에 한 의제만을 차례차례 다루어 가야 한다. 의장이 한 의제를 선포한 다음에는 토론과 수정 등을 거쳐서 그 채택 여부가 표결로서 결정되기 전에는 다른 의제를 아울러 상정시킬 수 없는 것이 원칙이다.

또한 회의 시에 복수의 안건이 상당히 밀접한 관계를 갖고 있거나 함께 토론함으로써 회의의 효율성을 더욱 높일 수 있다면 일괄 상정해서 토론에 개방하여도 무방할 것이다. 그러나 이럴 때에도 표결만큼은 하나하나씩 의결하여야 한다.

(5) 일사부재의 원칙

어떤 한 회기 중 회의의 규칙과 올바른 절차에 따라 정당하게 결정된 문제는 절차상의 과오가 없는 한 그 회기 중에 다시 의제로 상정하지 않는다는 원칙이다.

이 원칙은 회기 중에 이미 한번 의결된 안건에 대하여 다시 심의하는 것은 회의체의 의결이 무의미할 뿐 아니라 전과 다른 의결을 하게 되면 어느 것이 회의체의 진정한 의사인지를 알 수 없는 문제가 발생하게 된다. 특히 소수파의 의사방해를 막기 위한 제도로 인정된 것으로써 우리국회에서는 부결된 의안에 대해서만 본 원칙을 적용하고 있다. 또한 이 원칙은 동일한 회의체의 심의단계에서 적용되는 것이지 회의체가 다른 경우에는 이 원칙을 적용하지 아니한다. 즉 위원회에서 부결된 안건은 그 위원회에서 다시 심사할 수 없지만 본회의에서는 당해 안건을 심의할 수 있다. 일사부재의의 원칙은 동일 회기와 동일 안건, 동일 회의체에 대해서 적용되는 것이다.

(6) 회기불계속의 원칙

한회기에 상정되었던 의제가 그 회기가 폐회될 때까지 처리되지 않았을 경우 다음 회의에서 다시 상정하여 심의하지 않는다는 원칙이다. 한 회기와 다음 회기 사이의 의사 심의상의 연결을 인정하지 않음을 말하는데, 이 원칙은 영국 의회에서 생긴 제도로서 이는 회기가 종료됨으로써 당해 회기 내에 미결된 안건은 모두 소멸되고 다음 회기에서는 안건을 다시 작성 제출해야 한다는 원칙이다.

우리나라 국회에서는 제5대까지는 회기불계속의 원칙을 사용하였으나 6대 국회부터는 회기계속의 원칙을 사용하고 있으며 의회에 제출된 의안이 동일 회기 내에 미결된 안건이라도 폐기되지 아니한다. 다만 예외적으로 의원의 임기가 만료된 때에는 미결된 의안은 모두 폐기된다.

(7) 의장 공정의 원칙

의장은 회의진행 책임자일 뿐 편파적이어서는 안 된다. 회의 중 의장이 토론에 참여하고 싶으면 의장직을 잠시 물러나 평의원으로서 발언권을 얻어 토론에 참여해야 하며 이러한 경우 그 의안의 심의가 끝날 때까지는 의장직을 다시 맡을 수 없다.

(8) 평등보장의 원칙

한조직의 구성원은 남녀노소, 부귀빈천을 막론하고 누구나 똑같은 권리와 의무를 평등하게 적용 받는다는 원칙이다. 즉 의안을 제출하거나 발언을 요구하거나 표결을 하는 등의 모든 활동 분야에서 조금도 경중이나 우열의 차이를 두지 않는다는 것이다.

(9) 다수결의 원칙

구성원 다수의 일치된 의사를 전체 구성원을 구성하는 집단적 의사로 인정하는 방법으로 국민 투표제와 함께 민주정치의 기본원리이기도 하다. 다수에는 비교다수결, 정대다수결 등이 있지만 통상적인 다수결의 방법은 과반수에 의해 결정되는 단순다수결의 2가지가 있다.

일반적으로 다수결이라 할 때는 단순다수결을 의미하지만 헌법의 개정 등 중요사항의 결정에는, 특별다수결제가 채택되고 있다. 다수결에서 적용되는 원칙으로 그 기준을 정하는 방법은 재적기준, 재석기준, 투표참여 기준의 3가지가 있다.

(10) 소수의견 존중원칙

다수결의 원칙은 그 뒷받침으로서 소수의견을 존중한다는 정신이 간직되어 있어야 한다. 소수파의 의견을 존중하지 않는 다수파의 정치는 일종의 폭력지배가 된다. 다수결의 원칙은 비교적, 편파적인 방법으로 인정하고 있을 따름이지 반드시 '올바름'을 입증할 뒷받침이 될 수 없으며, 따라서 반드시 소수의견이 옳지 않다고 할 수도 없는 것이다.

(11) 한 번에 한 사람씩 발언하는 원칙

회의에서는 설사 발언권 없이 발언할 수 있는 경우라도 타인이 발언하고 있는 중이라면 발언할 수 없으며, 부득이 발언하여야 할 경우 의장의 허가를 받아야 하며 이럴 때에는 기존의 발언자는 발언을 중단하여야 할 것이다.

제3장 회의의 일반적인 방법

01 회의의 준비

많은 사람이 일정한 장소에 모여 회의를 하게 될 때에는 그에 따른 준비에도 많은 신경을 써야 한다. 회의는 그 절차가 중시되는 것이므로 원만한 회의를 진행시키기 위해서는 그에 필요한 모든 준비를 잘 해 두어야 한다. 의장은 회의에 필요한 것이라면 아무리 사소한 것이라도 이를 빠뜨리지 말고 준비해야 하는데, 회의의 성공은 그 준비의 정도에 비례한다고 할 수 있다(문교부, 1988:26-34).

1) 회의 통지(공고)

- 회의 참석자에게 회의 날짜, 시간, 장소 및 회의에서 처리할 안건을 통지해야 한다.
- 회의 통지를 한 뒤 가능하면 회의 전날에 다시 한번 회의 참석 여부를 확인하는 것이 좋다.

– 회의 안건에 대한 자료가 있으면 미리 보내 주는 것이 좋다.

2) 회의실 준비

– 회의실은 너무 크거나 작아도 좋지 않으므로 알맞은 장소를 골라야 한다.
– 회의 참석자 수대로 의자, 책상 등을 알맞게 배치하는 것이 좋다.
– 회의장은 밝고 깨끗하게 하여 참석자들의 기분을 산뜻하게 해 주는 것이 좋다.
– 책상에는 이름을 써 붙이거나, 누구 좌석이 어디에 있는가를 쉽게 알 수 있도록 좌석 배치도를 준비하는 것이 좋다.
– 의자를 놓을 때는 사람들이 다닐 수 있는 통로를 중간 중간에 만들어야 한다.
– 의장석은 회의장 중앙에 조금 높이 만들어 모두를 한 눈에 바라볼 수 있도록 하는 것이 좋다.
– 앞줄과 뒷줄과의 높이에 차이가 있도록 줄마다 조금씩 높이를 달리 하면 더욱 좋다.
– 회의장에 화분이나 꽃 등을 보기 좋게 놓는 것은 참석자들의 기분을 상쾌하게 해주는 방법이다.
– 회의장은 뒤로 너무 길거나 옆으로 너무 넓어도 좋지 않다. 많은 사람이 모일 때에는 의장석을 중심으로 부채꼴로 좌석을 배치하는 것이 효과적이다.

3) 회의 준비 상황 점검

– 회의 준비 사항 목록을 작성하고 이에 따라 준비 상황을 미리 점검하여 이상이 없는지 확인해야 한다.

- 마이크는 준비되어 있는가?
- 의장석에 의사봉, 회의순서 등은 준비해 두었는가?
- 발언대에 음료수와 컵은 준비되어 있는가?
- 회의 진행 순서는 잘 보이는 곳에 써 붙였는가?
- 의장석 옆에 회의 진행 보조자의 좌석은 준비되어 있는가?
- 그 외에 준비 해 두어야 할 물건이 없는지 자세히 살펴서 틀림이 없도록 하여야 한다.

4) 잘 준비된 회의는 확실한 결과를 보장한다.

회의가 성공하느냐의 여부는 바로 회의장의 좋고 나쁨에 크게 좌우된다. 만족스런 회의장은 틀림없이 훌륭한 회의결과를 보장하는 것이며 불쾌한 회의장은 참가자를 피곤하게 하고 신경을 날카롭게 하여 회의가 산만해지고, 충동을 야기시키게 되며 탐탐치 않은 결론을 맺게 되는 원인이 된다.

(1) 계획서의 작성

회의명, 의제, 일시, 장소 등을 기재한 계획서를 작성한다.

(2) 출석자의 선정

① 규칙이나 규정에 의해 회의의 구성원이 정해져 있을 경우에는 이것에 따른다.

② 일반적으로 정해져 있지 않을 경우에는 다음 기준에 의한다.

(가) 문제관계자

(나) 지식 경험자

(다) 문제 해결의 협력자

(라) 이해 필요자

이해관계가 너무 밀접한 사람, 극단으로 상반되는 사람들이 동석 할 필요가 있을 경우에는 사회자는 회의 전에 각자와 절충해 토의 진행을 협의할 필요가 있다.

(3) 장소의 결정

① 참석자의 규모에 맞고 참가자들이 쉽게 참석할 수 있도록 교통편, 주차장 등 입지의 편리도를 고려한다.

② 조명, 온도, 습도, 환기 및 소음 방지 등을 염두에 두고 선정한다.

③ 회의 진행에 효율적인 좌석 배치를 할 수 있는 장소를 선정한다.

④ 회의 설비가 갖추어진 장소를 선정한다.

⑤ 비용 지출에 무리가 없는 장소를 물색한다.

(4) 통지문에는 대개 다음의 항목을 기재한다.

① 회의의 명칭과 목적
② 개최일시(진행시간 계획과 종료 시각 포함)
③ 개최장소
④ 의제와 문제점
⑤ 복장(정장, 자유복 등)
⑥ 참석 여부(회신 방법과 마감일)
⑦ 연락처(전화번호, 담당자)
⑧ 참석 대상자
⑨ 주최자

02 회의진행 순서

(1) 개회
① 정족수 확인
② 개회(개의)선언
(2) 국민의례
(3) 단체의례
(4) 의장의 인사
(5) 전의사록(회의록) 통과
(6) 특별일정
(7) 임원보고

① 서기의 보고

② 회계보고

(8) 위원회 보고

① 상임 위원회의 보고

② 특별 위원회의 보고

(9) 전 회의 회의에서 심의 미료된 의사

(10) 새로운 의사(의안채택보고, 의안심의)

(11) 공지사항

(12) 폐회

1) 개회선언

① 정족수 확인(성원보고)

－개회시간이 되면 서기나 총무는 참석 회원수를 확인하여 의장에게 보고하여야 한다.

－일반 단체의 회의는 의사 정족수를 정해 놓은 정관에 따라 개회하게 되며, 우리나라 국회의 경우는 재적 의원 1/4 이상의 출석으로 개회한다.

② 개회선언

－의장은 서기 또는 총무로부터 참석 회원수가 의사 정족수에 이르렀다는 보고를 받으면, "지금으로부터 제○차 ○○회의를 개회하겠습니다."라고 개회를 선언한다.

–정족수에 미달되면 의장은 유회 선언을 해야 하며, 이 때 다음 회의의 일시와 장소가 정해져 있지 않으면 정족수 미달에 관계없이 이를 정할 수 있다.

–의장이 선출되어 있지 않을 경우에는 개회 선언을 한 사람이 주재하여 임시 의장을 선출하여야 하며, 임시 의장은 곧 정식 의장과 회의 관계자를 선출하여야 한다.

2) 국민의례

–의식 순서는 '국기에 대한 경례', '애국가 제창', '순국선열 및 전몰 호국 용사의 명복을 비는 묵념'(필요할 때에만 실시)의 순으로 진행한다.

–의장은 의식을 시작 할 때, "회의장에 계신 분들은 모두 일어서 주시기 바랍니다."고 회의장을 정리한 후, "국기에 대하여 경례"라고 구령함으로써 의식이 시작된다.

–의식 순서가 끝나면 의장은, "모두 자리에 앉아 주시기 바랍니다."고 말한다.

–의식의 진행은 사회자가 담당할 수도 있다.

3) 의장 인사

–의장은 회의를 진행시키는데 중립을 지켜야 하고, 동의를 제출하거나 토론에 참여할 수 없어서 자기 의견을 발표할 수 없으므로 인사하는 기회를 통하여 의장자신이

바라고 있는 회의의 운영 방향을 말할 수 있다.

– 의장의 인사말은 되도록 짧게 하고, 말하는 내용은 어느 쪽에도 기울지 않고 모두가 함께 옳다고 여길 수 있는 것이라야 한다.

– 의장은 지난 회의 이후 긴급한 문제가 생겨서 의장 독단으로 처리 한 일이 있으면, 그에 대하여 보고하고, 회의에서 승인을 받아야 한다.

4) 전 회의록 승인

– 전 회의록을 서기가 낭독한 후 의장은 회원을 향하여, "지금 낭독한 전 회의 회의록에 빠진 것이나 정정할 점이 있습니까?" 하고 물어야 한다.

– 이의가 없을 경우 의장은 "이의가 없으므로 회의록은 승인되었습니다."라고 선포 한다.

– 틀린 곳이나 빠진 것이 있을 경우, 회원은 그것을 고칠 것을 요청하고, 의장은 이를 고친 후 회의록 승인을 선포한다.

– 승인된 회의록에는 의장과 서기 또는 총무가 서명한다.

– 회의록을 승인하는 시기는 다음 회의의 의장 인사 직후에 하는 것이 일반적이나, 다음과 같은 경우도 있다.

- 다음 회의로 미루지 않고 회의가 끝날 무렵에 하는 경우
- 위원회에 승인권을 일임하는 경우
- 회의록 사본을 배부하여 회원들의 이의 유무를 확인하는 경우

5) 보고사항

① 회무보고

- 전 회의와 이번 회의 사이에 접수된 모든 서류나 통신 등 회원에게 알릴 필요가 있거나 승인 받아야 할 일이 있을 때, 이를 보고하면서 처리해 나간다.
- 회무보고는 총무가 한다.

② 회계 보고

- 재정에 관한 보고이며, 재정 보고서는 회의의 승인을 받아서 보관해 두거나 감사에게 회부한다.
- 재정 보고는 회계가 한다.

③ 위원회 보고

- 각 위원회의 위원장은 위원회에 위임되어 처리된 사항이나 위원회에서 의결된 사항을 보고한다.
- 위원장은 의안이 가결될 때, 반대했던 소수 의견도 같이 보고한다.
- 위원장은 보고 내용에 자신의 개인적인 의견을 곁들여 말해서는 안된다.

6) 의안 보고 및 채택

－회의에서 처리할 의안을 보고하거나 새 의안을 채택하

는 순서이다.

— 의사일정은, 의장이 각 부장으로 지적된 임원회를 본 회의 전에 소집하고, 의안을 정하여 의사일정을 미리 작성하는 것이 좋다.

— 회의 개최 전에 이와 같은 의안을 회원들에게 미리 통지해 주면 회원들이 안건에 대하여 올바른 의견을 준비하는데 도움이 된다.

— 이 순서에서는 첫째 번 의안과 둘째 번 의안의 순서를 바꾸어 처리하자는 '의사일정 변경' 동의를 제출할 수 있으며, 이 때 재청이 있으면 의장은 토론 없이 표결에 붙이고, 가결되면 의안 심의 순서를 바꾸어야 하고, 부결되면 본래의 의사일정에 따라 심의하여야 한다.

— 의안 제목으로 '기타'라는 의안은 있을 수 없기 때문에, 새로운 의안을 채택할 때에는 토론 없이 이를 표결에 붙여 가결되면 의사일정에 추가해야 한다.

※우리나라 국회법에서는 의사일정을 변경하거나, 다른 안건을 의사일정에 추가할 때는 토론하지 아니하고 표결에 붙여 재적 의원 과반수의 출석과 출석 의원 과반수의 찬성으로 채택하여, '로버트식 회의법'에서는 출석 회원의 3분의 2 이상 찬성을 얻어 채택할 수 있도록 되어 있다.

※'의안 보고 및 채택' 순서를 생략하는 대신 의안 보고는 '보고사항' 순서에서 다루고, 새로운 의안 채택은 '의안 심의'순서에서 다를 수도 있다.

7) 의안 심의

– 의장이 의안을 상정한다.
– 제안 설명을 한다.
– 질의응답을 한다.
– 찬반 토론을 한다.
– 표결에 붙인다.
– 표결 결과를 발표한다.

8) 공지사항

9) 폐회

– 의사일정이 모두 끝났을 때나, 예정되었던 폐회 시간이 되면 회원들로부터 회의 시간을 연장하자는 동의가 없는 한 의장은 폐회를 선포할 수 있다.
– 회원이 폐회 동의를 제출하여 폐회하는 형식을 밟는 것이 보통이다.

03 회의록

회의록은 회의가 시작되어 끝날 때까지 회의에서 처리한 모든 사항을 여러 회원에게 알리고, 기록으로 남겨두기 위해서 작성한다. 회의가 모두 끝나면 서기 또는 회의 진행을 보좌한 사람은 회의 결과를 자세하게 기록하여 의장에게 보고하고, 모든 회원에게 이를 알려준다.

(1) 회의록에 기록할 사항

– 회의록의 내용은 되도록 자세하고 명료해야 하며 보통 다음과 같은 사항을 기록한다.

- 단체의 이름과 회의의 종류
- 회의 일시와 장소
- 개회에 참석한 회원의 범위와 수
- 개회 시각과 폐회 시각
- 의사일정
- 제안자와 제안 설명 내용
- 질문자와 제안 설명 내용
- 표결 처리한 결과
- 의장과 임원 및 서기의 서명
- 기타 필요한 사항

(2) 회의록을 기록할 때 유의할 점

– 회의록은 자세하고 정확하게 기록해야 하며, 다음과 같은 점에 유의해야 한다.

- 회의록에 기재하여야 할 사항을 빠뜨리지 않는다.
- 자세하고 정확하게 쓴다.

- 기록자의 의견이나 느낌 등은 쓰지 않는다.
- 제안 설명자, 질의 응답자, 토론 참가자와 그 내용을 간단, 명료하게 모두 기록한다.
- 회의록은, 회의가 끝나기 직전이나 다음 회의에서 모든 회원의 승인을 받은 후 의장과 서기 등이 서명한다.

04 의사 진행방법 (임영규, 1996: 83)

(1) 의제를 도입한다.

– 친숙한 분위기를 만들어 참석자들로 하여금 상호 신뢰하는 마음을 갖게 하고, 편안한 마음을 갖도록 한다.
– 의제를 소개하고 회의의 목적을 이해시킨다.
– 회의의 배경과 여러 가지 사정을 발표하고 그에 따른 정보를 전달한다.
– 토의의 규칙과 의제의 우선순위를 미리 결정해 놓는다.

(2) 의견을 도출한다.

– 출석자의 지식·경험에 근거한 의견을 스스로 발표하거나 교환시킨다.
– 필요에 따라 질문할 수 있는 기회를 조성해 준다.

(3) 결론을 유도한다.

– 출석자로부터 충분한 의견 및 제안이 나왔으면 결론으로 유도한다.
– 제출된 의견을 출석자에게 비교·검토시켜서 그에 대한 이해와 영향을 생각하게 한다.
– 별로 유용하지 않은 의견은 제안자의 기분이 상하지 않도록 정리해 두고, 그밖에 제출된 의견들을 간추려 출석자 전원의 총 의견을 결론으로 유도한다.

(4) 총괄 정리하여 종합한다.

– 회의의 목적에 따라서 제출된 결론이나 의견을 재검토하고 출석자 전원의 동의를 얻는다.
– 결론을 실행에 옮기기 위해서 어떻게 해야 좋을지도 결정한다.
– 미해결된 부분을 위해 그 취급 방법을 정리해 놓는다.

05 회의 리더의 역할

(1) 시간 배분을 효율적으로 해야 한다.

– 회의의 시간은 제한되어 있으므로 주어진 범위 내에서

얼마나 유익한 내용의 회의를 진행시키는가 하는 것이 의장의 최대 역할이다.

(2) 사전에 미리 조사할 것은 조사해야 한다.

- 의장의 역할을 원활하게 수행하게 위한 준비로써, 외부적인 부대의 일을 훌륭하게 완수시킨다.
- 의제에 대해 가능한 많은 정보를 수집하고, 나름대로의 지식을 정리한다.
- 참석자의 얼굴을 조사해 두는 정도의 마음가짐을 가진다.
- 회의진행의 대략적인 예정표를 만들어 착실한 사전 준비를 한다.

(3) 참석자들로 하여금 진행 룰을 지키게 한다.

- 바람직하지 못한 행동을 막고, 올바른 발언을 활성화 시킬 수 있도록 의장은 순간순간 진행 규칙을 확인시켜야 한다.

(4) 회의 중의 갈등을 막는다.

- 다른 참석자들과 자주 충돌한다거나, 혼자서 너무 길게 발언한다거나, 감정적인 진행이 난무해 원만한 회의 진행을 방해할 경우 이에 대응하여 심의를 정상적으로 되돌릴 수 있는 도량과 역량이 리더에게는 필요하다.

(5) 특정인의 편중 없이 공평 · 평등하게 해야 한다.

- 회의장에서는 누구나 평등하다는 원칙에 의해 발언의 다소 및 의견의 편중을 두어서는 안 된다.
- 무의식 중에라도 특정한 쪽으로 치우쳐 반대하는 참석자들의 감정을 사지 않도록 공평한 입장에 선다.

(6) 약자의 편이 되는 세심한 배려를 기울인다.

- 좀처럼 발언을 하지 않는 내성적·소극적인 참가자들에 대하여 어떤 계기를 만들어 이끄는 세심한 배려를 한다.
- 소수의 의견이라 하여 결코 무시하거나 등한시해서는 안 된다.

(7) 발언권을 허가한다.

- 출석자가 멋대로 시끌벅적 떠들어대서는 회의가 될 수 없다. 그러므로 반드시 의장의 허가를 얻어서 발언시킨다.

(8) 의제는 하나씩 차례로 취급한다.

- 의제를 한꺼번에 두세 개씩 들춰내다 보면 이쪽저쪽 이야기가 뒤죽박죽이 되어 산만해지므로 의장은 한 가지씩 정확하게 제안한다.

(9) 찬반 양론이 확정된 후에 체결한다.

– 의견이 끝까지 나오지 않았는데 시간이 다 됐다고 해서 회의를 끝마쳐서는 안되며, 서둘러 체결해서도 안 된다.

(10) 회의의 결정 사항을 확인한다.

– 회의의 결정 사항이 잘 실행되고 있는지 반드시 확인한다.

06 의장이 알아 둘 일

(1) 의장의 책임(문교부, 1988:34-45)

① 명칭

– 어느 회의에서나 회칙에 따로 정하지 않는 한 회의를 주재하는 사회자를 보통 '의장'이라고 부른다.
– '의장'이란 명칭은 회의를 사회하는 대표자로서의 권위를 표시한다.
– 일반 회원들은 회의 중에 반드시 '의장'이라고 부르며 그 권위를 존중해야 하나, 의장이 자신을 말할 때에는 '사회자'라고 부른다.
– 의장이 회의에 관한 문서에 서명할 때에는 대표의 자격으로 하는 것이므로 '의장'이라고 써야 한다.

② 의장의 책임

– 의장은 회의의 대표자로서의 권위를 갖추어야 하고, 회의를 성공적으로 진행시켜야 하는 책임이 있다.
– 의장은 모든 규칙이 잘 지켜지도록 하면서도, 의사 처리를 신속하고 원만하게 진행하기 위하여 다음 사항에 유의해야 한다.
  - 모든 의안은 정당한 절차를 밟아서 되도록 신속하게 처리한다.
  - 모든 회의 규칙과 아울러 필요한 예절을 지킨다.
  - 일반적인 회의 규칙이나 그 회의에서 마련한 여러 규칙에 대하여 잘 알아야 하며, 필요할 때에는 언제나 참고할 수 있는 참고 자료를 준비하여 둔다.
  - 회의 도중에는 회원들이 아무리 흥분하더라도 냉정한 태도로 이를 진정시킨다.
  - 부드럽고 여유있게 회의를 진행시키면서, 소심한 회원에게는 용기를 주고, 지나치게 발언이 많은 회원은 이를 적절히 억제한다.

③ 의장의 태도

– 의장은 모든 회원들의 존경과 신임을 받을 수 있는 높은 인격과 부드러운 태도를 갖는다.
– 의장의 품위있는 태도는 다음의 여러 가지 면에서 나타난다.

- 성실하게 직무를 수행하는 모범을 보인다.
- 겸양심을 가지고 회원들의 인격을 존중한다.
- 인내심을 가지고 회의를 온화하게 진행한다.
- 공정성을 가지고 모든 회원들의 신임을 받도록 한다.
- 적절한 시기에 '유모어'를 사용하여 회의 분위기를 화기애애하게 이끌고, 회원들 상호간의 화합을 도모한다.
- 친절한 태도로 모든 회원들을 격려하여 적극적으로 토의에 참가 하도록 이끌어준다.
- 회원들의 발언을 무시하거나 비난하지 말고 존중해야 한다.

(2) 의장의 임무

① 개회 선언

– 의장은 개회 시간 전에 미리 회의장에 출석하여 의사 정족수가 되면 개회를 선언한다.

– 의장은 서기 또는 총무에게 참석 회원수를 확인 보고하게 하여, 정족수에 미달일 경우에는 유회되었음을 선언하고, 정족수가 되면 회의를 진행시킨다.

② 의장의 자세

– 의장이 큰 회의에서 발언할 때는 일어서서 하는 것이 좋으나, 회의 규모가 작으면 앉아서 사회해도 좋다.

–의장은 개회나 폐회 또는 절차를 진행시킬 경우, 그리고 의장이 결정한 사항에 대한 이의가 제기되어 이에 답변할 경우에는 반드시 일어나서 말한다.

③ 발언권자 지명

–발언하고자 하는 회원을 의장으로부터 발언 허가를 받아 발언하는 것이 원칙이다.

–2인 이상이 동시에 발언권을 요구하였을 때에는 다음과 같은 우선순위에 따라 발언권을 준다.

- 상정된 의안 제출자가 아직 발언하지 않았을 경우 그 제안자
- 한번도 발언하지 않은 회원
- 토론시 바로 전에 발언한 내용과 반대되는 의견을 가진 듯한 회원
- 의안에 대한 질의가 끝나고 토론에 들어갔을 때에는 의안에 대한 반대 토론 참가자

④ 의장의 발언

–의장은 불편부당 해야 하기 때문에 동의를 제안하거나 토론에 참가할 수 없다.

–부득이한 경우에는 임시 의장에게 사회권을 넘기고 평회원의 자격으로 사회자의 허가를 얻어 발언해야 하며, 이 경우 우선적으로 발언권이 부여되나. 그 의제가 완전히 처리되기까지는 다시 사회를 할 수 없다.

⑤ 회의 임무

㉠ 발언 질서 유지

–의장은 회의 규칙에 따라 회원들의 발언이 질서 있게 이루어지도록 해야 한다.

㉡ 발언 내용의 조정

–발언자의 발언 방법이 좋지 못할 경우, 의장은 다음과 같이 발언자를 도와서 회의가 원만히 진행되도록 한다.

- 발언이 너무 길 경우에는 적당한 때에, "예, 잘 알겠습니다. 발언의 요지는 이러이러한 것이지요?"하는 식으로 부드럽게 내용을 요약해 준다.
- 발언 내용이 복잡하여 잘 알 수 없을 경우에도, "지금 말씀하신 내용은 이러이러한 내용이지요?" 하고 간단히 요약해 준다.
- 발언 형식이 애매하거나 중요한 내용을 빠뜨린 채 발언이 끝났을 경우에는 발언자를 주의시켜서 이를 보완하도록 한다.

㉢ 재청 유무 확인

–회원이 동의를 제안하였는데도 이에 대한 재청이 없을 경우에는 재청이 없는지를 확인하여 제안자를 대접해야 한다.

㉣ 발언 권유

–발언하지 않고 잠자코 있는 회원에게는 "○○○회원, 무슨 좋은 의견이 있으시면 말씀하여 주실까요?"라고 발언할 것을 부드럽게 권하는 것이 좋다.

ⓜ 불편부당한 위치

－감정에 치우친 발언을 할 경우에는 의장은 곧 그 사람에게, “토론에 열중하시는 것은 좋습니다만, 다른 회원의 감정을 상하게 하는 말씀은 삼가시기 바랍니다.”고 주의를 준다.

ⓑ 선언

－의장은 개회, 폐회, 의안 상정, 표결 결과 발표 등을 할 때에는 일어서서 모든 회원이 다 들을 수 있도록 큰 소리로 말한다.

ⓢ 의제의 요점 파악

－토론이 오랫동안 계속되어 그 요점을 알기 어려울 때 의장은, “지금 여러 가지 의견이 나왔는데, 이를 종합 정리한다면, 이렇게 요약할 수 있습니다.” 하고 그 요점을 정리해 준다.

ⓞ 이의 유무 확인 방법이용

－의안마다 복잡한 찬반 표결을 하기보다는, 이의 유무 확인 방법을 잘 이용하여, 큰 이의가 없으면 자연스럽게 결정해 나감으로써 회의의 능률을 올린다.

(3) 의장의 직권

① 부당한 제안의 거부

－동의가 재청을 받아서 의안으로 성립되면, 반드시 심의

하는 것이 원칙이나, 다음과 같은 동의는 이를 기각할 수 있다.

- 동의의 내용이 회의의 목적이나 회칙 및 국법에 어긋나는 경우
- 회의 진행 규칙상 우선순위가 아닌 동의가 제출되었을 경우

② 발언 중지

– 의장은 의제에서 벗어난 발언, 회의의 질서를 어지럽히는 발언, 발언권을 얻지 않고 하는 발언은 중지시킬 수 있다.
– 회의 질서가 어지러우면 이를 바로잡을 때까지, 의장은 회원의 발언을 중지시킬 수 있다.

③ 회의 진행 방해자의 퇴장 조치

– 의장의 지시에 따르지 않고 회의 질서를 어지럽히거나, 회의장을 소란하게 하는 회원이 있을 때에, 의장은 그 회원에게 퇴장을 명할 수 있다.

④ 정회 또는 폐회 선언

– 회의장이 대단히 혼란하여 합리적 방법으로는 도저히 이를 진정 시킬 수 없을 때에 의장은 부득이한 조치로서 정회 또는 폐회를 선언할 수 있다.
– 의장의 폐회 선언 후, 어떤 결의가 있어도 이는 당연히 무효이다.

⑤ 회의록 서명

－의장은 회의록의 내용을 확인하고 서명한다.

⑥ 의사 정족수의 관리

－회의 진행 중 의사 정족수가 부족할 때에는, 의장은 회의의 정회 또는 산회나 폐회를 선포한다.
－의사 정족수가 미달일 경우라도 다음 동의들은 처리할 수 있다.
• 정회 또는 폐회 동의, 다음 회의의 일시와 장소를 결정하는 동의

⑦ 가부 동수 결정권

－의장은 표결에 참가할 권한을 가지고 있으나, 무기명 투표나 호명표결 이외의 경우에는, 표결에 참가하지 않는 것이 원칙이다.
－의장이 표결에 참여하지 않은 상태에서 가부 동수가 되었을 경우에는, 의장 자신이 표결권을 행사하여 가부을 결정할 수 있으나, 일단 표결에 참가하여 가부 동수가 된 경우에는 결정권을 행사할 수 없다.
－결정권의 행사 여부는 의장 자신의 판단에 따른다.

(4) 의사봉 사용법

① 의사봉 사용의 필요성

– 회의가 한 매듭씩 넘어갈 때마다 이를 참석자들에게 확실하게 알려서 회의가 잘 진행되도록 하는데 필요하다.
– 회의 중에 소란하거나 질서가 어지러울 때도, 주의를 집중시키기 위해서 의사봉을 사용할 수 있다.
– 의사봉을 반드시 사용해야 한다는 회의 규칙은 없다.
– 우리나라 국회에서는 의사봉을 세 번씩 두드리지만, 한 번씩 두드리는 회의 단체도 있고, 사용하지 않는 단체도 있다.

② 의사봉 사용 시기

– 회의 진행의 매듭을 알릴 때 사용한다.
  • 회의를 시작할 때(개회 선언)
  • 회의가 모두 끝났을 때(폐회 선언)
  • 회의를 하던 중 조금 쉬었다가 하기 위해서 회의를 잠시 중지할 때(정회 선언)
  • 회의를 중지했다가 다시 시작할 때 (속개 선언)
  • 의안을 심의하고자 하여 상정할 때
– 어떤 의안이 가결 또는 부결되었음을 알릴 때 사용한다.
– 특별한 경우이지만, 회의장이 너무 소란하거나, 회의 규칙을 위반하는 일이 생겨서 의장의 목소리가 전해지지 않을 때, 주의를 주거나 주의 집중을 위해서 한 번 또는 두 번을 두드리기도 한다.

③ 의사봉 사용 방법

– 의사봉은 의장이 사용한다.
– 의장은 의사봉을 두드리기 전에, "지금부터 제○차 ○○ 회의를 개회하겠습니다."라든가, "···· 수정안이 가결 되었습니다." 하고 의사봉을 두드린다.
– 의사봉은 여러 사람이 분명히 들을 수 있도록 "땅, 땅, 땅" 하고 크게 소리나도록 두드려야 한다.
– 의사봉을 두드리는 횟수는, 그 회의가 오랫동안 내려오면서 지켜온 관습을 따른다.
– 의사봉이 없을 때는, 소리 낼 수 있는 물건을 의사봉이라고 정해 놓고 사용할 수 있다.

07 회원이 알아 둘 일

(1) 회원의 기본 태도

– 회원은 단체의 목적과 활동 내용을 이해하고, 단체의 정관 및 규칙과 민주적 회의진행 규칙을 알아야 한다.
– 자기 의견을 분명하게 발표할 수 있는 용기를 가져야 하며, 자기의 발언에 대하여 책임을 져야 한다.
– 어떤 의안에 대해서나 명확한 판단과 분명한 태도를 가져야 한다.

(2) 회원의 권리

–회의를 구성하는 회원은 다음과 같은 권리를 갖는다.

- 동의 제출권
- 토론 발언권
- 결정 참여권

(3) 회원의 발언 요령

① 발언할 때 주의할 점

–'발언의 자유'라는 것은 어떤 경우에도 침해받지 않는 민주 회의의 기본 원칙이나 회의 질서를 위하여 다음과 같은 제한을 받는다.

- 회원이 발언하고자 할 때에는 의장의 허가를 받아야 한다.
- 특별한 경우를 제외하고는 다른 회원의 발언 중에 발언하여서는 안 된다.
- 특별한 규칙이나 제한이 없는 한 같은 의제에 대하여 한 회원이 여러 번 하거나, 발언 시간이 너무 긴 것은 좋지 않다.

  ※우리나라 국회에서는 동일 의제에 대하여 2회에 한하여 발언할 수 있고, 발언 시간은 30분을 초과할 수 없다. 그러나 의사 진행 발언 등은 10분을 초과할 수 없고, 정당을 대표하는 발언 등은 40분까지 발언할 수 있다.

※'로버트식 회의법'에는 한 동의에 대하여 두 번까지 발언할 수 있으며, 한 번의 발언은 10분 이내로 하도록 되어 있다.

② 제안 설명을 할 때의 요령

－제안자가 의안에 대한 설명을 함으로써, 회원들의 지지를 얻고자 하는 데 목적이 있으므로, 다음 요령에 따라 하는 것이 효과적이다.

• 제출한 의안이 무엇을 어떻게 하고자 하는 것이라는 목적을 분명히 인식시킨다.
• 현재의 불합리한 점을 제시하면서 새 의안을 제출하게 된 동기를 설명한다.
• 자기의 제안이 채택 실행되면 어떤 점이 어떻게 개선되리라고 예상하는 결과를 설명한다.
• 제출한 의안이 가지고 있는 단점과 이 단점을 보완할 수 있는 방안까지 설명한다.

③ 의견을 발표할 때의 요령

－의견을 발표할 때에는 먼저 결론을 말하고, 다음에 그 이유를 조목별로 말하는 것이 효과적이다. 즉 "나는 지금 제안에 반대합니다. 이유는 첫째로 …때문이고, 둘째로는 …때문이며, 셋째로는 … 한 까닭입니다." 하는 것이 좋다.

－발언자는 참석한 회원 전체에 대해서 발언하는 것이나,

항상 의장을 향해서 발언해야 한다.

- 남의 발언 내용에 유의하면서 요점을 자세하게 파악하여 들어야 한다.
  - 메모를 하면서 남의 이야기를 들으면 그 내용 파악이 쉽고, 본인이 발언할 때도 실수 없이 말할 수 있다.
- 회원은 회의에서 심의 될 의제에 대하여 미리 연구하는 것이 좋다.
- 회원은 자기 의견에 신념을 가지고 발언해야 하나, 반대 입장도 충분히 이해하여 들을 수 있는 아량이 있어야 한다.
- 반대 발언하는 회원이나 이를 듣는 회원은 서로 감정을 억제하면서 감정적인 말을 쓰지 않도록 주의해야 한다.

(4) 회의에서의 예의

- 모든 회원은 의장에 대하여 경의를 표시하여야 하고, 회원들끼리는 서로 존중하여야 하며, 특히 다음과 같은 예절을 지켜야 한다.
  - 서로 경어를 쓴다.
  - 남에게 실례가 되는 말이나 행동을 삼간다.
  - 남의 사생활에 관하여 말하지 않는다.
  - 남의 발언 중에 발언하지 않는다.
  - 발언 도중에 이의가 나오면 의장의 사회에 따른다.
  - 너무 긴 시간 발언하지 않고 자주 발언하지 않는다.

제4장 동의의 처리과정(문교부, 1988:47-63)

01 발언권 얻기

- 발언권을 얻고자 하는 회원은, 오른손을 높이 들거나 일어서서 "의장" 하고 부른다.
- 의장이 그 회원을 향하여 "○○○회원 말씀하십시오." 하면 발언할 수 있다.
- 다른 회원이 발언이 끝나기도 전에 발언권을 요구한다든다, 주의를 끌기 위하여 사회석에 가까이 가는 행동은 하지 않는다.

02 동의의 제출

(1) 동의의 뜻

- 동의란, 회원이 어떤 의견을 일정한 형식을 갖추어 제안하는 것으로서 회원이 어떤 의사를 표명하도록 한다든가, 어떤 조치를 취하도록 하자고, 회의에 공식적으로 의견을 제출하는 것이다.
- 동의는 반드시 '무엇을 어떻게 하자.'는 식으로 구체적인 실행 내용이 있어야 한다.

(2) 동의의 종류

① 원동의

- 특정한 문제를 위해 회의의 주제로 내놓은 동의로서, 주동의, 본동의, 원안, 의안, 의제라고도 한다.
- 원동의가 처리되기 전에는 다른 원동의를 제출할 수 없다.

② 보조동의

- 원동의가 의제로 상정되었을 때 원동의를 능률적으로 처리하기 위한 동의이다.
- 보조동의가 제기되면 원동의보다 먼저 처리해야 한다.
- 보조동의들 사이에는 우선순위가 있으며, 우선순위가

늦은 것부터 순서대로 소개하면 다음과 같다. ※( )안은 발언의 예임

- 무기 연기 동의: 원안을 실질적으로 부결시키는 효과를 얻고자 제출되는 동의("저는 원안의 심의를 무기 연기할 것을 동의합니다.")
- 수정, 재수정 동의(개의, 재개의): 원안의 취지를 살리면서 그 내용을 부분적으로 고치는 것으로 원안과 반대되는 수정은 할 수 없다. ("저는 원안의 ○○○라는 말을 삭제하여 수정할 것을 동의합니다.")
- 위원회 회부, 재회부 동의: 분과 위원회나 특별 위원회로 하여금 원동의에 대하여 더 연구하거나 어떤 조치를 취하도록 지시하자는 동의 ("본인은 이 안을 △△하기 위하여 ○○위원회에 회부할 것을 동의합니다.")
- 기한부 연기 동의: 원 동의를 충분히 연구할 수 있는 시간적 여유를 갖기 위해 일정한 시일까지 심의를 연기하자는 동의.("저는 이 안의 심의를 ○월 ○일까지 연기 할 것을 동의합니다.")
- 토론 제한, 연장동의: 회의의 능률적 진행을 위해 발언 횟수, 발언 시간, 전체 토론 시간을 제한하거나 연장하자는 동의("본인은 각 회원의 발언 시간을 ○분 이내로 제한할 것을 동의합니다.")
- 토론 종결 동의: 심의 중인 의제의 토론을 종결시키고 표결하자는 동의("본인은 ○○○에 대하여 토론을 종결할 것을 제안합니다.")

• 보류 동의: 다른 긴급한 안건을 처리할 때까지 원안 심의를 일시적으로 보류시키자는 동의 ("저는 이 안의 심의를 보류할 것을 제안합니다.")

• 보류되었던 동의의 재상정 동의: 보류되어 있는 의안을 다시 상정시켜 심의하자는 동의 ("저는 보류되어 있는 ○○○의안을 성정하여 심의할 것을 동의합니다.")

③ 임시 동의

– 회의를 합리적이고 능률적으로 진행하기 위하여, 안건을 심의하는 중에 우연히 생긴 심의의 순서나 절차에 관한 동의이다.

– 임시 동의들 사이에는 우선순위가 없이 먼저 나오는 순서대로 1동의의 원칙에 따라 처리하지만 보조 동의보다는 앞선 순위이고 우선 동의보다는 늦은 순위이다.

– 부수 동의라고도 하며 다음과 같은 것들이 있다. ※( ) 안은 발언의 예임.

• 규칙의 일시 정지 동의: 경미한 세칙의 통용을 일시적으로 정지시키려는 동의("저는 ○○○에 관련된 규칙을 일시 정지할 것을 제안합니다.")

• 동의의 철회 동의: 의제로 상정되기 전에 동의를 철회 또는 수정하려는 동의.("본인이 제출한 ○○○동의의 철회를 요구합니다.")

• 심의 반대 동의: 어떤 의제를 토론할 것도 없이 폐기하려는 동의("본인은 ○○○ 의안의 심의를 반대할 것을

동의합니다.")

- 서류낭독 요구 동의: 의제 심의에 필요한 서류를 참고하려고 할 때 제출되는 동의. ("저는 서기에게 ○○○에 관한 회의록을 낭독해 줄 것을 동의합니다.")
- 의제·분할 동의: 어떤 의제를 심의하기 쉽도록 둘 이상으로 분할하려는 동의("본인은 상정되어 있는 의안을 ○○○와△△△의 두 의안으로 분할하여 심의할 것을 제안합니다.")
- 표결 방법에 관한 동의: 어떤 의제를 표결하는데 적당하다고 생각하는 방법을 제시하려는 동의("저는 이 의제를 ○○방법으로 표결할 것을 제안합니다.")
- 의사 진행에 관한 이의 제기 동의: 회의가 규칙에 맞지 않게 진행되며 이를 바로 잡으려는 동의("의장! 의사 진행에 있어서 ○○○부분이 잘못되었으므로 바로잡아 주시기 바랍니다.")
- 의장의 결정에 대한 공소: 의장의 독단적 결정에 대하여 이의를 제기하고 그것을 시정하려는 동의("저는 의장의 이번 결정에 대하여 공소를 제기합니다.")
- 표결의 재심의 동의(번안 동의): 어떤 의제가 너무 조급히 처리되었거나 절차상으로 소홀한 점이 있어 이미 가결된 의안을 재고하려 할 때 찬성쪽에 있었던 회원만이 제출할 수 있는 동의. ("본인은 가결된 ○○○의안을 재심의할 것을 동의합니다.")
- 폐기 동의(무효, 취소): 이미 의결된 사항을 무효로 하

려는 동의 ("저는 ○○○하나는 의결을 폐기할 것을 동의합니다.")

④ 우선 동의

– 당면 의제에는 관련이 적지만 다른 어느 문제들보다 우선할 필요가 있는 동의로서 회원들의 특권을 보장하기 위해 마련된 동의이다.
– 다른 동의에 관계없이 독립적으로 제출할 수 있다.
– 다른 모든 동의에 우선하며 제안되는 대로 곧 심의하여야 하고 토론할 수 없으며, 보조 동의를 제출할 수도 없다.
– 우선 동의들 사이에는 우선순위가 있으며, 우선순위가 늦은 것부터 순서대로 소개하면 다음과 같다. ※( )안은 발언의 예임.
  - 일정 변경 동의: 의사일정에 들어 있는 의안의 순서를 바꾸려 한다든가, 또는 의사일정에 들어 있지 않은 의안을 새로 긴급히 제출하려는 동의("본인은 ○○○의안을 의사일정에 추가하고자 일정 변경 동의를 제출합니다.")
  - 일정 촉진 동의: 의사일정에 따라 예정대로 진행되지 않아서, 이를 정해진 일정대로 진행시키려는 동의("저는 ○○○의안에 대하여 일정촉진의 동의를 제출합니다.")
  - 특권문제에 대한 요구 동의(특청): 어떤 단체나 회원의 특권에 관계되는 문제를 먼저 처리하려는 동의("의장!

특청입니다."라고 한 후, 의장이 발언권을 주면 "○○○회원이 우리 회를 모욕하는 발언을 하고 있습니다. 이를 즉시 중지시켜줄 것을 요구합니다.")

- 정회동의: 식사나 휴식 또는 계표 등을 위해 회의를 일시 중지하고 잠시 쉬려는 동의("저는 ○시○분까지 정회할 것을 동의합니다.")
- 폐회 또는 산회 동의 : 회의를 종결시키려는 동의("본인은 폐회할 것을 동의합니다.")
- 회의의 일시와 장소 결정 동의: 다음 회의의 일시와 장소를 먼저 정하려는 동의("저는 다음 번 회의를 ○월○일○시에 △△△에서 소집할 것을 동의합니다.")

※우리는 흔히 우선동의를 긴급동의라고도 하나 이러한 용어는 회의법에는 있지 않다.

(3) 동의 처리의 우선 순위

－동의는 원동의와 이를 처리하는 과정에서 제출되는 부동의로 구분된다.

－여러 부동의들이 한꺼번에 제기되면 심의의 질서를 잃기 쉬우므로, 일정한 형식과 절차에 따라 제출된 부동의들을 하나씩 차례대로 처리하여야 한다.

－동의의 처리 순위는 일반적으로 우선 동의를 가장 먼저 심의하고, 다음에 임시동의, 보조동의, 원동의의 차례로 심의한다.

(4) 제안의 형식

① 구두로 제안할 경우

－간단한 내용의 동의를 제출할 경우에 쓰인다.
－제안은 반드시 "…할 것을, …하기로, …하기를" "동의합니다." "동의를 제출합니다." "제안합니다." 하고 끝을 맺어야 한다.

② 서면으로 제안할 경우

－서면화된 의안을 읽고 난 다음, 이를 의장에게 직접 제출한다.
－의안의 내용이 여러 가지 항목으로 된 복잡한 것은 서면으로 제출하는 것이 좋다.

③ 제안의 서술은 긍정형으로

－부정형으로 서술하면 동의의 내용이 애매해지고 소극적인 내용이 되기 쉽다.
－부정형 서술의 의안이 부결되면, 결과적으로 이중 부정이 되어 의안 해석에 혼란을 일으키기 쉽다.

03 동의의 성립(의안에 대한 재청)

－동의는 원칙적으로 재청이 있어야 성립된다. 이것은 동

의의 난립을 방지하기 위한 것이다.

– 일반적으로 재청할 때는 발언권이 필요없으며, 일어서서 말하지 않아도 된다.

– 재청이 없이도 성립되는 동의는 다음과 같다.
  - 심의 반대
  - 의사 진행에 관한 이의나 요구
  - 동의의 철회
  - 특권 문제에 관한 요구
  - 일정 촉진 요구 등

– 규모가 큰 회의나 회원이 아닌 사람도 섞여서 참석한 회의라면, 재청자는 일어나서 "의장, 동의에 재청합니다." 라고 분명히 말해야 한다.

04 동의의 상정(부위)

– 동의가 재청을 받아서 성립되면, 의장은 "재청이 있으므로 ○○○회원이 제출한 이러이러하자는 동의를 의제로 상정합니다."라고 선언한다.

– 회의 전에 미리 제출한 의안의 경우, 의장은 "일정 순서에 따라서, ○○○회원 이외의 ○사람의 찬성으로 제출된 이러이러한 의안을 의제로 상정하겠습니다."라고 한다.

– 의장은 정당하게 제기된 동의를 부의할 때에, 지금 무엇

을 처리해야 할 것인가 또는 이 동의가 처리되면 어떤 결과가 나온다든가 하는 등의 문제 제기를 공정하게 발표하여야 한다.

05 제안 설명

- 의장으로부터 제안 설명에 관한 요구가 있으면, 제안자는 제안 목적과 가결된 다음에 나타나게 될 결과에 대하여 설명한다.
- 분과 위원회나 이사회의 심의를 거쳐 제출된 의안은 분과 위원장이나 총무 이사가 제안 설명을 한다.
- 제안 설명을 할 때는 반대 의견을 예상하여 이를 공격해서는 안 된다.

06 질의

- 질의는 의안에 대한 의문점을 의장에게 물으면, 제안자가 답변하는 것으로써, 원안이나 수정안에만 적용된다.
- 의안의 범위 안에서 질의해야 하고, 자기의 의견을 진술해서는 안된다.
- 질의의 방식에는 다음과 같은 것이 있다.

- 한 회원이 질의한 것에 대하여 답변을 듣고 다음 질의를 하여 답변을 듣는 일문일답식
- 여러 회원들의 질의를 모두 듣고 난 다음에 이를 한데 묶어서 답변하는 방식

– 질의가 종결되면 의장은 질의 종결을 선포하고 토론을 시작한다.

07 토론

(1) 토론의 뜻

– 토론이란 동의를 처리함에 있어 자기주장을 회원들에게 이해시키고 설득할 목적으로 그 동의의 가치에 대한 자기 의견을 발표하는 것이다.

– 토론은 제안 설명, 질의응답, 찬반토론, 수정과정을 한데 묶어서 표현하는 토의와는 구별된다.

(2) 토론의 목적

– 의제에 대한 회원각자의 의견을 발표하게 하며 상호간의 의견을 비교·분석하고 좋은 의견으로 수정, 정리, 통합해서 제일 좋은 의견을 전체 의사로 결정하도록 하는데 있다.

(3) 토론의 진행

- 질의 순서가 끝나면, 의장은, "지금부터 토론에 들어가겠는데, 좋은 의견을 말씀해 주십시오" 하고 선언한다.
- 규모가 큰 회의에서는 토론자를 미리 정하여서 의장에게 발언권을 요구하기도 한다.
- 보통 작은 회의에서의 발언권은 회의 중에 요구하고 의장이 직권으로 이를 적절히 부여한다.
- 우리나라국회에서는 발언권을 의안에 대한 찬성쪽과 반대쪽에게 번갈아 주되 반대쪽에게 먼저 주도록 되어 있으나 '로버트식 회의법'에서는 찬성 쪽에게 먼저 발언권을 주도록 되어 있다.
- 보조 동의, 임시동의, 우선 동의 등이 복잡하게 나왔을 때는 특히 규칙에 맞게 토론을 진행하며 동의 처리의 우선 순위를 잘 지켜 진행하여야 한다.
- 토론하지 않고 처리하는 동의는 다음과 같은 것이 있다.
  - 정회 또는 폐회 동의
  - 다음 회의의 일시와 장소 지정 동의
  - 토론 시간 제한 또는 연장의 동의
  - 질의 또는 토론의 종결 동의 등

(4) 토론의 원칙

- 발언자는 의제의 범위를 벗어나는 발언해서는 안 된다. 의제 외의 발언을 할 때는 의장은 즉시 중지시켜야 한다.

–회의의 능률적인 진행을 위하여 발언 횟수, 발언시간, 발언자 수를 제안할 수 있다.

–회의 규칙에 따라 바르게 하는 발언을 야유, 소란, 폭력행위 등으로 방해해서는 안 된다.

–토론 중에 누구를 모욕하는 발언을 하여서는 안 된다.

–의장도 토론에 참가할 수 있다. 그러나 의장이 토론에 참가하고자 할 때에는 의장의 사회권을 넘겨주고 평회원으로서 토론에 참가해야 하며 그 의안의 표결이 끝날 때까지 의장석에 돌아갈 수 없다.

(5) 토론 종결

–토론을 종결시키고 표결에 들어갈 때는 다음과 같이 한다.

- 의장이 토론 종결 여부를 묻는다.
- 회원이 토론 종결 동의를 제출한다. 이 때 토론 종결 동의는 토론에 참가한 회원은 제출하지 않는 것이 예의이다.
- 의장이 토론 종결을 선포한다.

08 표결

표결은 회의의 전체 의사를 결정하는 최종방법이며 절차이다. 따라서, 표결은 회의의 핵심이라고도 할 수 있을 만큼 중요한 절차이며, 회의가 활기 있고 부드러운 분위기 속에서 성공적으로 진행되느냐 반대로 침체되고 시간만 허비하게 되느냐는 오로지 이 표결절차를 어떻게 진행시키느냐에 달려 있다고까지 할 수 있다. 그러므로 표결 절차를 진행하는 데는 특별히 세밀한 주의가 필요하다.

(1) 표결에 들어가는 시기

- 동의가 토론될 수 없는 성질의 것일 때 의장은 "이 동의는 토론할 수 없으므로 표결에 들어가겠습니다." 하고 우선 순위가 앞선 동의 제청이 없으면 표결에 붙인다.
- 동의에 대한 토론이 종결되었을 때, 의장은 토론 종결을 선언하고 우선 순위가 앞선 동의 제출이 없으면 표결에 붙인다.

(2) 표결 방법

① 이의 유무 확인(묵락에 의한 방법)

- 만장일치제라고도 하며 출석 회원 모두가 찬성하리라고 생각될 때 하는 약식 표결 방법으로써 결론은 쉽게 예상할 수 있는 의제이거나 의제가 간단하고 경미할 때 사용한다.
- 이 경우 의장은, "지금 동의에 대하여 별 이의가 없으십니까? 이의가 없으시면 가결된 것으로 결정하겠습니

다.” 하고 선언하여 처리한다.

② 구두표결

– 의장이 “찬성하느냐, 반대하느냐?”라고 물어, “찬성이요.” 또는 “반대요.”라고 표현하는 회원들의 소리의 양을 가지고 가부를 결정하는 방법이다.
– 표결 방법중에서 가장 간단한 방법이며 회원들의 대체적인 의사표시만 가지고도 처리할 수 있는 간단한 의제에 적용한다.

③ 거수 표결

– 회원수가 많지 않은 작은 회의에서 잘 쓰이는 대표적인 방법이다.
– 의장의 사회에 따라서 오른 손을 높이 들기만 하면 되므로 방법이 매우 간단하고 찬반의 수를 정확히 헤아릴 수 있다.

④ 기립표결

– 의장의 사회에 따라 일어섬으로 찬반 의사를 표시하는 방법으로써 ‘투표에 의한 방법’ 다음으로 확실성이 있는 방법이다.
– 매우 정확한 판단을 내릴 수 있으므로 ‘투표에 의한 방법’ 다음으로 중요한 의제를 처리할 때 적용한다.
– ‘거수 표결’이나 ‘구두 표결’의 결과에 대하여 이의가 나올 때에도 적용한다.

⑤ 투표

㉮ 기명 투표

– 투표 용지에 의안에 대한 찬반과 투표자의 성명도 기입하는 투표방법이다.

– 회원들의 비밀을 보장할 필요가 없는 경우이거나 회원들의 투표경향을 알아 볼 필요가 있을 때 적용한다.

㉯ 무기명 투표

– 비밀 투표라고도 하는데 투표용지에 찬반만 기입하고 투표자의 성명은 기입하지 않는다.

– 회원들은 비밀을 보장할 수 있고 진실된 의사를 자유롭게 표현할 수 있으며, 그 표수도 정확히 셀 수 있는 장점이 있다.

– 중요한 의제에 대하여 표결할 경우나 임원을 선거할 경우에 이용한다.

(3) 표결 절차

① 표결 순서

– 현제의 출석 회원수와 의결 정족수를 넘는지를 먼저 확인한다.

– 원안, 수정 동의, 재수정 동의가 상정 되었을 경우 재수정 동의, 수정 동의, 원안의 순으로 표결한다.

-수정 동의가 모두 부결되었을 때에는 원안을 표결한다.

-표결할 때는 반드시 찬성부터 묻고 다음에 반대를 물어서 계산한다.

-의장은 불편 부당한 태도를 가져야 하기 때문에 표결에 참가하지 않는 것이 원칙이다. 그러나 의장이 표결에 참가할 경우에는 다음 관례에 따른다.

- 의장은 투표에 의한 표결에서는 다른 회원들과 같이 투표한다.
- 거수나 기립 표결에서는 가부 동수가 되어 의장의 표로 가부를 결정하게 될 경우에 행사한다.

② 투표절차

-의장은 감표 위원과 계표 위원을 지명하여 투표의 모든 절차를 감시토록 하여 계표 위원을 시켜서 표를 계산한다.

-의장은 투표방법을 설명해야 하고 "투표를 시작합니다." 하고 분명히 선언해야 한다.

-투표는 투표함에 직접 투표용지를 넣는 방법과 감표 위원이 투표용지를 모으는 방법이 있다.

-투표가 끝났을 때에는 의장은 투표함을 봉함할 것을 선포한다.

-의장은 개표할 것을 선포하고 봉함했던 투표함을 개봉한다.

-의장은 개표 선언을 한 후, 투표자 수를 보고한다.

-투표함을 열고 투표용지수를 집계하여 투표자 수와 투

표 용지수가 맞는지를 회의에 보고한다.

– 투표자 수와 투표 용지수가 맞지 않을 경우에는 다음과 같이 처리한다.
  - 투표자 수보다 투표 용지수가 적으면 부족한 수는 기권한 것으로 선포하고 개표를 진행시킨다.

– 투표자 수보다 투표 용지수가 많을 경우에는 결과에 결정적인 영향을 끼칠 정도가 아니면 이 투표를 유효한 것으로 인정할 수 있으나 결정적인 영향을 줄 수 있을 때는 투표 자체를 무효로 처리한다.

– 의사 표시가 확실하지 않은 표는 마지막에 종합적으로 유효, 무효를 확인하되 다음과 같은 표는 무효로 한다.
  - 정규의 투표 용지를 사용하지 아니한 것
  - 절차나 방식이 틀린 것
  - 알아 볼 수 없는 것

– 개표 위원은 가부의 수를 집계하여 의장에게 보고하고 의장은 의안의 표결 결과를 선포한다.

(4) 표결수

① 종다수(비교 다수)

– 출석 회원수에 관계없이 찬성과 반대를 비교하여 많은 쪽으로 결정하는 방법이다.

– 이 방법은 소수 회원의 의견으로 결정되는 경우도 있어

불합리하므로 동의를 채택할 때는 잘 사용하지 않는다.

–중요 임원을 뽑는 것이 아닌 일반 선거에 있어서 후보자가 많을 때는 종다수를 적용할 수도 있다.

② 과반수

㉮ 단순 과반수

–회칙에 특별히 명시되어 있지 않는 한 일반적으로 총 투표수의 과반수를 의미한다.

㉯ 출석 과반수

–일반적으로 적용되는 의결 방법으로서 재적 회원 과반수의 출석과 출석 회원 과반수의 찬성으로 의결하는 방법이다.

–예를 들면, 100명 재적의 단체에서 표결에 들어갈 수 있는 정족수는 51명에서부터 100명까지이고 최소치인 51명의 과반수는 26명이다.

㉰ 재적 과반수

–과반수의 기준을 재적 회원수에 두는 방법이다.

–예를 들면 재적 회원 100명인 단체의 재적 과반수는 51명에서부터 100명까지를 말한다.

③ 특별 다수

㉮ 3분의 2 이상

–'3분의 2'라는 수의 의미는 찬성이 반대와 무효 또는 기권을 합한 수의 2배가 되는 것이다.

㉯ **4분의 3 이상**

－특히 중요한 안건에 대해 4분의 3 이상의 찬성을 얻어야 하는 경우도 있다.

제5장 회의를 성공시키기 위한 포인트와 회의의 결과 보고 및 평가

01 좋은 결론을 맺기 위한 조건(임영규, 1996: 167-177)

(1) 지속적으로 아이디어를 낸다.

① 모든 사물이 가지고 있는 고유한 특성을 하나하나 분석적으로 다루어 간다.

② 모든 사물이 가지고 있는 결점의 제시를 통해 문제점을 부각시킨 후에 아이디어와 개선점을 모색한다.

③ 적극적으로 희망적인 아이디어를 제시하면, 결점의 반대 이상의 의미를 발견할 수가 있다. 이를 충족시키기 위해서는 지속적인 아이디어 창출이 전제가 된다.

(2) 이러한 질문은 하지 않는다.

① 동시에 2가지 이상의 질문은 하지 않는다.

- 동시에 2~3가지 질문을 하게 되면 답변하는 측도 어렵

게 되며 초점도 흐려지게 된다.
- 질문은 반드시 한 가지씩 한다.

② 질문은 1분 이내에 한다.

- 질문은 간단하게 하는 것이 좋다.
- 질문이 길어지면 무엇을 질문하고 있는 것인지, 어느 부분이 질문이고 어디까지가 의견인지를 상대방이 정확히 파악할 수가 없다.

③ '예' 또는 '아니오'가 나와야 되는 질문은 피한다.

- '예' 또는 '아니오' 형식의 질문은 회의 분위기를 어색하게 만든다.
- 의장을 비롯하여 참석자들은 검사도 아니고 피고도 아니다.

④ 같은 질문을 반복해서 하지 않는다.

- 질문해서 즉시 대답이 나오지 않으면 다시 한번 질문을 되풀이하는 경우가 많다. 질문 후 대답이 즉시 나오지 않을 경우에, 의장은 다른 사람에게 질문을 돌리거나 일시 보류하는 배려를 보여야 한다.

(3) 의장이 사용하는 질문의 패턴

① 전원에 대한 질문

- 회의 첫머리에 가벼운 질문을 통해 참석자 전원을 회

의에 동참하도록 분위기를 조성한다.

② 의장을 난처하게 하는 질문에 대한 답변

- '의장을 곤란하게 만들자' 하는 의도에서 고의적으로 던져진 질문에, "역시, 좋은 질문이군요. 그렇다면 당신은 어떻게 생각하십니까?"라고 질문을 던지면 효과가 있다.

③ 릴레이 질문

- 주고받는 질문이 연발하지 않을 때는 전원에 대한 질문으로 극복한다.
- 또는, "○○○씨, 지금 질문에 대해서 어떻게 생각하십니까?" 하고 릴레이식으로 다른 사람에게 다시 질문하는 것도 좋다.

④ 지명 질문

- 특정 사항을 지명해 "○○○씨,○○○은 어떻습니까?" 하고 묻는 질문이다.
- 이것은 분위기가 딱딱할 때 참석자 전원에게 자극을 주는 효과가 있다.

(4) 답변자가 주의해야 할 7가지 요건

① 당당하게 답변한다.

- 자신에게 불리하다고 생각되는 답변에 대해서 얼버무

려서는 안된다.

② 질문에 맞는 답변을 한다.

- 질문자의 의도를 충분히 이해한 후에 그 의도에 가장 적합한 답변을 하도록 한다.

③ 질문자를 무시해서는 안 된다.

- "이런 것도 모르십니까?", "이런 것은 충분히 알고 계시리라고 생각했습니다만……." 등의 상대방을 무시하는 답변은 절대 금물이다.

④ 회피하는 답변을 하지 않는다.

- 답변하기 곤란하거나 답변이 궁하면 "적극적으로 해보겠습니다!"라고 그 순간을 넘기려는 답변을 하기 쉬운데 이는 삼가야 한다.

⑤ 질문 도중에 대답하지 않는다.

- 질문자가 질문하고 있는 도중에 자기 멋대로 질문의 의도를 미리 짐작하여 대답하지 않도록 한다.
- 질문의 내용을 끝까지 듣는 것은 그 사람의 인격과도 비교된다.

⑥ 납득하기 쉽게 답변한다.

- 질문자의 의문점을 충분히 납득시킬 수 있도록 답변한다.

- 답변을 마칠 때에는 “질문에 충분한 답변이 되었는지요?”라는 말을 잊지 않아야 한다.

⑦ 알기 쉽게 답변한다.

- 질문자뿐만 아니라 참석자 전원에게 답변하는 마음가짐으로 가능한 어려운 말은 피하고 모두가 알기 쉽고 이해하기 쉬운 말로 답변한다.

(5) 의견이 대립되어 결론이 나지 않을 때의 해결책

① 통합 : 전원이 만족할 수 있는 해결책을 모색한다.

② 타협 : 최대 공약수적 해결을 도모한다.
어느 정도 전원이 납득할 수 있는 해결책을 구한다.

③ 보류 : 대립되는 점은 보류하고 다음으로 미룬다.

④ 우회 : 의견이 일치점을 강조하고, 대립되는 점은 흐리게 하는 방향으로 이끌어 간다.

⑤ 강제 : 때로는 특정인의 의견을 채용해서 강제적으로 따르게 한다. 반대 의견은 거론하지 않는다.

⑥ 대결 : 문제가 중요하면 중요할수록 대립되는 점을 끝까지 토의시킨다.

※ 결론이 나지 않는 회의는 시간 낭비이므로, 가장 좋은 해결책은 ‘통합’이지만, 그것을 찾아낸다는 것은 상당히 어려우므로 차선책으로서 ‘타협’이라는 해결점을 찾는 데에 노력을 기울여야 한다.

02 회의를 성공시키는 포인트

(1) 실시상의 포인트

① '계획–실시–검토' 방법을 채택한다.

- 어떤 일을 계획하고, 그것을 실행에 옮기고, 그것을 반성·검토하는 일종의 관리적 수법에 따라 회의를 진행한다.
- 이러한 사고방식이나 마음가짐을 염두에 두는 것이 실시에 있어서 하나의 기본적인 자세라 할 수 있다.

② 다소 시간을 필요로 하더라도 사전에 준비를 충분히 잘 해두어야 한다.

- 준비에 만전을 기한 만큼 마음에 여유가 생기므로 이는 무엇보다 중요한 점이다.

③ 회의의 의장을 잘 인선해야 한다.

- 회의의 의장 여하에 따라 회의의 상태가 크게 좌우된다. 그런 의미에서 주최자는 의장의 인선을 회의의 큰 핵심으로써 중요하게 파악해 두어야 한다.

④ 가능한 양질의 참석자를 모아야 한다.

- 회의의 의장 인선도 중요하지만 실제 참석자의 인선도 아주 중요하다.

- 참석자로서의 조건을 충분히 검토하고 가능한 양질의 참석자를 모으는 것이 중요하다.

⑤ 결론을 내고 그것을 실행하여야 한다.

- 애써서 시간을 들여 실시한 회의도 실행이 따르지 않으면 무용지물이다.
- 결론을 내고 그것을 실행했을 때 비로소 회의의 효과적인 의의가 있는 것이다.

⑥ 주최자는 열의를 가지고 임해야 한다.

- 여러 가지 원칙과 방법도 중요하지만 거기에 못지않게 주최자의 열의도 중요하다.
- 그러한 자세가 보여 질 때 참석자들도 적극적으로 회의에 임할 수 있다.

(2) 실무상 · 사전 교섭의 포인트

① 사전 교섭은 계획 단계에서 빠를수록 좋다.

- 계획 내용을 결정한 뒤 사전 교섭을 하는 것보다 계획 작성을 실시할 때부터 시작해야 한다.
- 최초의 단계에서 교섭해 두면 나중에 여러 가지 문제가 생길 경우에 큰 균열을 낳지 않는다.

② 상대방의 반대 의견에 대한 응답을 사전에 미리 해둔다.

- 회의 진행 중에는 반대 의견이 반드시 나오게 마련이다. 그러므로 이에 대한 대답을 사전에 준비해 두면 당황하는 일 없이 대응할 수 있다.

③ 시간적인 타이밍에 맞게 사전 교섭을 해야 한다.

- 같은 일을 사전 교섭 하더라도 상대가 받아들이는 상황에 따라 결과는 크게 달라진다.
- 일반적으로 좋은 타이밍은 점심 휴식 후로 비교적 기분이 안정된 시기를 택한다.

④ 정보를 충분히 수집하여 분석해 두어야 한다.

- 상대방이 충분한 예비지식을 가지고 있는 경우에는 반대로 포인트를 배우게 된다.
- 그러나 원칙적으로 사전 교섭을 하는 측에서 상대를 설득시킬 수 있는 지식을 갖추고 있어야 한다.

⑤ 평소에도 잦은 만남을 가져 사전 교섭을 하기 쉽게 상황을 만들어야 한다.

- 사전에 상대를 잘 알아두면 상대도 이쪽을 잘 이해해 주므로 교섭을 성공적으로 진행시킬 수가 있다.

⑥ 친분 관계를 최대한 활용

- 학교 관계·친척관계·친구 관계 등 여러 가지 친분 관계를 고려하여 최대한으로 활용한다.

⑦ 끈기 있게 설득하는 강력한 추진력도 있어야 한다.

- 사전 교섭이나 사전 상담이 필요한 사항에서 단 한 번에 거절당했다고 해서 포기하지 말고, 두 번 세 번 다시 시도할 필요가 있다.
- 추진력이 강하다는 것은 일면 책임감이 강하다는 뜻도 되지만, 너무 지나칠 땐 역효과가 나므로 주의해야 한다.

⑧ 설득은 좀 더 중요한 사람부터 시작하여야 한다.

- 사전 교섭을 하는 경우 핵심이 되는 중요한 사람을 집중적으로 설득하여 승인을 얻어내면 다른 참석자들도 쉽게 응하는 때가 많으므로 핵심이 되는 사람이 누구인가를 정확하게 파악하여 교섭을 효과적으로 진행시킨다.

2부 회의의 실제와 사례

제6장 학생회 대의원 회의(문교부, 1988:67-85)

01 개회선언

(의장은 출석 대의원 수가 정족수를 넘는다는 서기나 총무의 보고를 받음)

의장: "재적 회원 60명 중 59명이 참석하여 성원이 되었으므로 지금부터○○중(고등)학교 학생회 대의원회 9월 월례회(또는 제○차) 회의(또는 정기회, 임시회)를 열겠습니다."
(의사봉을 3회 두드린다.)

02 국민의례

사회자: "다음은 국민의례가 있겠습니다. 대의원 여러분께서는 모두 일어서서 국기를 향해 주시기 바랍니다."
(대의원들이 모두 일어서고 난 뒤)

"국기에 대하여 경례!"

(국기에 대한 맹세 낭송)

"바로!"

"다음에는 애국가를 제창하겠습니다."

(반주 또는 구령에 따라 애국가 제창)

(3.1 절이나 현충일 등 필요한 경우에는 묵념을 한다.)

"모두 자리에 앉아주시기 바랍니다."

03 의장 인사

의장: "대의원 여러분, 안녕하십니까? 이번 월례 회의는 가을 소풍 실시와 9월 생활 목표 결정에 대하여 토의하는 것이 주요 의제가 되겠습니다. 학생회 운영위원회에서는 가을 소풍을 '대공원으로 가자.'는 의안과 9월 생활 목표를 '시작을 잘 하자.'로 정하자는 의안을 제출하였습니다. 여러 대의원께서는 잘 논의하시어 좋은 결론을 내주시기 바랍니다."

04 전 회의록 승인

※회의록의 기록이 그날의 회의 중에 끝났을 경우, 회의록의 승인은 폐회 전에 하는 것이 오히려 좋다. 회의록을 기록하는데 시간이 필요하거나 그 외의 사유가 있으면 다음 회의에 회의록의 승인을 받는다. 그러나 다음 회의가 너무 오랜 시간이 지난 후에 열리게 되면 회의 내용을 잊어버릴 수 있으므로 이를 고려하여 회의록의 승인 시기를 정한다.

의장: "전 회의록 승인 순서입니다. 서기는 지난번 회의의 회의록을 낭독하여 주시기 바랍니다."

서기: (전 회의록을 낭독한다. 필요한 경우 전 회의록을 유인물로 만들어 배부하거나 중요한 의결 사항만 낭독할 수도 있다.)

의장: "지금 지난번 월례회의(정기회, 또는 임시회) 회의록을 낭독하였습니다. 고쳐야 할 것이 있으면 말씀해 주십시오."(빠지거나 잘못된 곳이 있으면 의장에게 정정 요구를 하고 의장은 확인 후 이를 정정한다.)

김대의원: "의장, 이의 있습니다. 회의록 중 □□에 ○○이 ××로 잘못 기록되었습니다. 정정해 주시기 바랍니다."

의장: (의장은 정정요구가 틀림없을 때에는 대의원들에게 물을 것도 없이) "예, 지금 말씀이 옳습니다. ××를 ○○으로 정정하겠습니다." (이런 식으로 처리하고 정

정 요구가 부당한 것이면) "대의원의 정정 요구는 ○○를 잘못 생각하고 계신 것 같습니다. 전번 회의에 참석하신 다른 분의 의견을 들어 보겠습니다. 말씀해 주시기 바랍니다."

(이렇게 질문을 하여 사실을 확인한 후 정확히 기록한다. 정정의견에 찬·반이 있으면 정식 표결에 붙여야 하며 별다른 의견이 없으면 다음을 진행한다.)

의장: "그러면 지난번 월례회의 회의록은 ××를 ○○으로 정정하고(또는 이의없이 원안대로) 승인되었습니다."

(의사봉을 3회 두드린다.)

05 보고사항

(회무·재무 각 위원회의 보고 순서이다. 이 순서에서는 학교 실정에 따라 총무·회계 및 각 부 보고나 계획·반성의 순서를 두어 진행할 수 있다.)

의장: "각 부의 활동을 보고하는 순서입니다. 먼저 지도부에서 생활 목표 실천 상황을 보고하여 주시기 바랍니다."

지도부장: "지도부장 송○○입니다. 우리 지도부에서 전교 학생들이 생활목표를 실천한 상황을 말씀드리겠습니다.

첫째로, 각 교실에 있는 뒤 칠판에 생활 목표 게시 상황을 조사하였습니다. 생활 목표를 게시한 반은 60

학급 중 58학급이었습니다. 또 각 반에서 실천 사항을 정하여 게시한 반은 56학급이었습니다. 이것으로 보아 생활목표게시 상황은 좋은 편이었습니다.

둘째로, 생활 목표인 '교통 질서를 잘 지키자'를 얼마나 잘 실천하였는지 알아 본 결과는 다음과 같습니다. 여기서 말씀드리는 숫자는 등교 지도당번이 지난 월요일에서 수요일까지 3일 동안 등교 지도 시간에 조사한 것입니다. 횡단보도를 이용하지 않고 찻길을 건너는 학생이 53명, 신호 등을 지키지 않은 학생이 7명, 인도가 아닌 차도의 한 쪽으로 걸어간 학생이 15명, 교문 앞 통학로에서 우측통행을 하지 않은 학생이 69명이었습니다. 이 숫자로 볼 때, 우리 학생들이 생활 목표를 잘 지켰다고 볼 수 없습니다."

의장: "지금까지 지도부에서 생활목표 실천 상황을 조사 보고 하였습니다. 다음은, 도서부에서 맡았던 '자매학교에 책 보내기운동"에 대한 결과를 보고하여 주시기 바랍니다."

도서부장: "도서 부장 이○○입니다. 지난번 8월 월례 회의에서 결정했던 대로, 전교생으로부터 책을 모은 결과 소설책은 371권, 위인전이 120권, 사전 종류가 23권, 기타 56권으로 모두 570권이 모아졌습니다. 모은 책은 내일 학생회를 담당하시는 김 선생님과 도서부원들이 택배로 자매학교에 보낼 예정입니다."

의장: "지금까지 지도부와 도서부에서 보고 사항이 있었습

니다. 회원께서는 질의가 있으면 말씀해 주십시오."

송대의원: "의장, 질의가 있습니다."

의장: "송대의원 말씀하십시오"

송대의원: "택배로 책을 보낸다고 하였는데 운임은 어떻게 마련하였습니까?"

의장: "도서부장은 답변하여 주시기 바랍니다."

도서부장: "택배로 보내는 비용은 학교에서 마련해 주기로 하였다고 김선생님께서 말씀해 주셨습니다."

의장: "그 밖에 더 질의할 분이 계십니까?"

(잠시 기다린다.)

의장: "더 이상 질의가 없으므로 보고 사항을 마치겠습니다."

06 의안 보고 및 채택

의장: "다음은 의안 보고 및 채택의 순서입니다. 학생회 운영위원회에서 제출한 '대공원으로 소풍을 가자.'는 의안과 9월 생활 목표를 '시작을 잘 하자.'라고 정하자는 의안입니다. 그 외에 오늘 회의에서 다루고 싶은 의안이 있으면 제출해 주시기 바랍니다."

※의안의 채택은 의안의 심의 이전에 미리 일괄적으로 결정해 놓고 하나씩 상정하여 심의하는 방법이 좋으며, 필요한 경우 새로운 의안은 회의중에 구두나 서면으로 제출할 수 있다.

의장: "나대의원 말씀해 주십시오."

(의장은 나○○대의원이라고 부르는 게 좋다.)

나대의원: "'학교 행사를 다양하게 하자.'고 학교에 건의하기를 동의합니다."

이대의원: "재청합니다."

의장: "나대의원께서 제안한 '학교 행사를 다양하게 하자.'고 학교에 건의하는 동의는 이대의원의 재청으로 성립되었습니다. 그러면 이 의안의 채택 여부를 표결하겠습니다. 찬성하시는 분은 손을 들어주십시오. 반대하시는 분은?"

(서기가 찬·반을 세어 의장에게 보고한다.)

의장: "나대의원께서 제안한 '학교 행사를 다양하게 하자.'고 학교에 건의하는 동의는 재석 59명중 찬성 38명, 반대 20명, 기권 1명으로 재석 과반수의 찬성을 얻었으므로 채택되었습니다."

(의사봉을 3회 두드린다.)

※이와 같이 새로운 의안의 채택은 재석 과반수의 찬성으로 한다. 이는 일정 변경 동의로 취급되며, 질의나 토론없이 표결에 붙여 결정한다. 그러나 '로버트식 회의법'에서는 재석 2/3이상의 찬성을 필요로 한다.

의장: "다른 의안 없습니까?"

(잠시 동안 침묵 흐름)

최대의원: "의장"

의장: "최대의원 말씀하십시오."

최대의원: "더 이상 상정할 안건이 없는 것 같으므로 의안 1,2,3호 순으로 의사 일정을 채택하여 심의할 것을 동의합니다."

정대의원: "재청합니다."

의장: "최대의원의 동의에 재청이 있었습니다. 이의 없습니까?"

모두: "이의 없습니다."

의장: "그러면 오늘 회의에서 다룰 의안은, 제1호 의안 '대공원으로 소풍가자'와 제2호 의안 9월 생활 목표 '시작을 잘하자' 그리고 제3호 의안 '학교행사를 다양하게 하자고 학교에 건의하자'입니다. 제1,2,3호 의안이 채택되었음을 선포합니다."
(의사봉을 3회 두드린다.)

07 의안심의

의장: "지금은 의안 심의 순서입니다. 우리들의 가을 소풍에 대한 의안으로 '대공원으로 소풍을 가자'는 1호 의안을 상정합니다."
(의사봉을 1회 두드린다.)
"이 의안의 제안자인 대의원 4는 앞으로 나오셔서 제안설명을 해 주십시오."

박대의원: "학생회 ○○부장 박○○입니다. 매년 이 때가 되면 소풍을 가게 됩니다. 소풍에서 중요한 문제는 언제, 어디로, 소풍을 갈 것이냐 하는 것입니다.
그래서 운영위원회에서 논의한 결과 소풍일은 학교 월중 계획에 소풍일로 정해진 ○월○일에 '대공원으로 소풍을 가자.'는 의안을 내놓게 된 것입니다. 대공원은 시설, 교통 등 여러 면에서 훌륭한 소풍 장소라고 생각합니다." (제안 설명은 각 부나 위원회 등의 제안이면 .. 그 부나 위원회의 대표가 하고, 개인 제안이면 제안자가 설명한다.)

의장: "다음은 질의를 받겠습니다. 본 의안에 대하여 의문이 있으시면 질의하여 주십시오."
(질의는 의장에게 하고, 의장은 질의를 받아 제안자가 답변하도록 한다.)

구대의원: "의장, 질의하겠습니다."

의장: "구대의원 질의해 주십시오."

구대의원: "우리 학생들 중 대공원에 가보지 못한 학생과 가본 학생은 어느 정도이며 교통편과 시설은 얼마나 편리한지 알고 싶습니다."

의장: "박대의원 , 답변해 주시기 바랍니다."

박대의원: "예, 답변해 드리겠습니다. 대공원에 가본 학생을 조사해 보지는 못 했습니다만, 가본 학생이 상당한 수가 되리라고 생각되며, 대중교통이 많아 교통편은 아주 편리합니다. 교통편은 소풍장소가 결정되면

자세히 조사해서 알려 드리겠습니다. 시설은 대공원만한 곳이 드물 것입니다. 날씨가 더우면 그늘이 부족하다고 합니다만, 산쪽으로 깊이 들어가면 쉴 수 있는 곳도 많습니다."

의장: "또 다른 질의 있습니까? 질의해 주십시오."

유대의원: "의장, 질의 있습니다."

의장: "유대의원 질의하십시오,"

유대의원: "대공원의 입장료는 얼마인지요?"

의장: "박대의원 답변해 주시겠습니까?"

박대의원: "예, 말씀드리겠습니다. 단체 입장료는 1인당 ○○○원이고, 개인 입장료는 ○○○원입니다."

의장: "다른 의문이 있으시면 질의해 주십시오."

(질의가 있으면 계속해서 질의하고 답변한다. 질의가 없으면 다음을 진행한다.)

"다음에는 토론을 하겠습니다. 토론하실 분은 손을 들고 신청해 주십시오,"

하대의원: "의장"

(손은 들어 발언 신청을 한다.)

의장: "하대의원 말씀해 주시기 바랍니다."

하대의원: "우리들은 초등학교 때부터 1년에 두 번씩은 소풍을 다녔습니다. 대공원만 하더라도 가본 학생이 많아 새로운 감이 없습니다. 출입금지 구역이 많고 쉴만한 장소가 부족하여 곤란합니다. 저의 생각으로는 대공원 소풍은 날씨가 좌우한다고 생각합니다. 날

씨가 더우면 우리들은 지쳐서 기분이 엉망이 될 것 입니다. 그래서 저는 '대공원으로 소풍을 가자'는 1 호 의안에 반대합니다."

의장: "또 다른 분 말씀해 주십시오."

강대의원: "의장, 제가 말씀드리겠습니다."

의장: "강대의원 말씀해 주시기 바랍니다."

강대의원: "하대의원께서 반대 토론하시는 것을 잘 들었습니다. 요즈음 우리들의 주위환경으로 보아 소풍장소로는 대공원만한 곳도 드물다고 생각합니다. 우선 교통이 편리하고 누구나 쉽게 찾아갈 수 있습니다. 소풍일로 정해진 날짜가 시원할 때인 만큼 좋을 것입니다. 그래서 저는 '대공원으로 소풍을 가자.'는 1호의안에 찬성합니다."

(의장은 찬반 양쪽에 교대로 발언권을 주어 토론을 진행시킨다. 의장이나 대의원의 토론 종결 제의가 있으면 '이의 없습니까?'라고 물어 이의가 없으면 토론을 종결시키고, 이의가 있을 경우 토론을 계속한다. 그러나 토론 종결에 대한 찬·반이 있으면 토론 종결동의와 재청으로 토론 종결 동의를 성립시키고 토론없이 표결에 붙인다.)

의장: "이제 1호 의안에 대해 충분히 토의가 되었다고 생각합니다. 토론을 종결하는 것이 어떻겠습니까?"

노대의원: "의장, 수정안이 있습니다. 경복궁으로 소풍을 가자고 수정동의합니다."

서대의원: "재청합니다."

※수정동의의 제출은 개회전에 미리 상정시켜 놓을 수도 있고 회의중에 할 수도 있으나, 토론이 종결되기 전까지는 제출해야 한다. 그러나 원안이나, 수정 동의나, 재수정 동의나 이에 대한 제안설명, 질의, 토론의 기회는 공평하게 주어져야 하며 표결은 재수정 동의, 수정동의, 원안의 순으로 한다. 재수정 동의를 다시 수정하는 재재수정 동의도 성립될 수 있으나, 그렇게 되면, 회의가 너무 복잡하게 되므로 일반적으로 재수정 동의는 다시 수정할 수 없다고 한다. 그러나 우리나라 국회법에서는 여러 개의 수정안을 재출할 수 있고, 최후로 제출된 수정안부터 먼저 표결한다.

의장: "노대의원께서 제출한 경복궁으로 소풍을 가자는 수정 동의는 서대의원의 재청으로 성립되었습니다. 본 수정 동의의 제안자인 노대의원께서는 제안 설명을 해 주십시오."

노대의원: "제안 설명을 하겠습니다. 경복궁은 우리들이 여러 가지를 배울 수 있는 유서 깊은 곳입니다. 다 아는 곳이지만 이곳에 우리들이 함께 소풍을 간다면 또 다른 의미가 있을 것 같으며, 교통이 매우 편리한 곳이므로 '경복궁으로 소풍을 가자'고 수정 동의를 내게 된 것입니다."

윤대의원: "우리들의 소풍은 관악산으로 가자고 재수정 동의합니다."

의장: "윤대의원께서 제출한 재수정 동의에 대하여 재청 있습니까?"

조대의원: "재청합니다."

의장: "윤대의원께서 제출한 우리들의 소풍은 관악산으로 가자는 재수정 동의는 조대의원의 재청으로 성립되었습니다."

(이렇게 성립된 수정 동의와 재수정 동의를 차례대로 제안설명, 질의, 토론을 마친 다음 표결에 들어간다.)

의장: "우리들의 소풍은 관악산으로 가자는 1호 의안에 대한 재수정 동의에 대하여 표결하겠습니다. 찬성하시는 분은 손을 들어 주십시오. 반대하시는 분은?"

(서기가 찬성하는 대의원 수와 반대하는 대의원 수를 세어 재석 ○○명 중, 찬성 ○○명, 반대 ○○명, 기권 ○명이라고 의장에게 보고한다. 가결되면 수정 동의는 표결하지 않고 폐기된다. 그러나 재수정 동의가 부결되면 다음 수정 동의를 표결한다.)

의장: "우리들의 소풍을 관악산으로 가자는 1호 의안에 대한 재수정 동의는 재석 59명 중 찬성 11명, 반대 45명, 기권 3명으로 출석 대의원 과반수의 찬성을 얻지 못하였으므로 부결되었습니다."

(의사봉을 3회 두드린다.)

의장: "다음은 경복궁으로 소풍을 가자는 1호 의안에 대한 수정 동의를 표결하겠습니다."

(수정 동의의 표결도 재수정 동의의 표결 요령과 같으며, 수정 동의가 가결되면 원안은 폐기된다. 그러나 수정 동의가 부결되면 원안을 표결한다.)

의장: "수정 동의가 부결되었으므로, 대공원으로 소풍을 가자는 원안에 대해 표결하겠습니다. 찬성하시는 분은 손을 들어 주십시오. 반대하시는 분은?"

※원안이 가결되면 재석, 찬성, 반대, 기권을 밝혀 가결을 선포하고 의사봉을 두드린다. 부결되면 다시 원안을 채택하여 논의할 수밖에 없다. 이 때, 새로운 원안은 일정 변경 동의로 취급하여 재석 과반수의 찬성으로 채택하고, 이는 다시 의안 심의 절차에 따라 처리한다.

의장: "○월○일 대공원으로 소풍을 가자는 1호 의안은 재석 대의원 59명 중, 찬성 38명, 반대 12명, 기권 9명으로 의결 정족수인 재석 대의원 과반수의 찬성을 얻었으므로 가결되었습니다."

(의사봉을 3회 두드린다.)

의장: "다음은 생활 목표를 결정하는 순서입니다. 9월 생활 목표를 '시작을 잘 하자'라고 정하자는 2호 의안을 상정합니다."

(의사봉을 1회 두드린다.)

"본 의안의 제안자인 황대의원께서 나오셔서 제안 설명을 해 주십시오."

황대의원: "학생회 ○○부장 ○○○입니다. 우리들이 방학을 시작 할 때는 계획을 세워 규칙적인 생활을 하려고 했습니다만, 지나고 보니 계획대로 되지 않은 점이 너무 많습니다. 방학도 끝나고 새 학기가 시작 되는 때이므로 9월 생활 목표를 '시작을 잘 하자.'로 정하

는 것이 좋을 것 같아 ○부에서 이 안을 내게 되었습니다."

의장: "다음은 질의를 받겠습니다. 질의해 주십시오."

음대의원: "의장, 수정 동의입니다."

간대의원: "의장, 의사 진행에 관한 이의가 있습니다."

의장: "간대의원 말씀하십시오."

간대의원: "수정 동의는 토론 중에 제출해야 하는 것으로 알고 있습니다. 지금 질의를 받고 있는데 수정 동의를 제출할 수 있습니까?"

의장: "말씀드리겠습니다. 그렇게 하는 진행방법도 있습니다만, 일반적으로 토론이 종결되기 전까지는 회의 전이나 회의 중에 수정 동의를 낼 수 있다고 합니다. 양해해 주시겠습까?"

간대의원: "알겠습니다."

의장: "음대의원 수정 동의를 내주십시오."

음대의원: "9월 생활 목표를 좀 더 구체적으로 ' 학교생활의 시작을 잘 하자.'로 정할 것을 수정 동의합니다."

의장: "음대의원께서 제안한 9월 생활목표를 '학교생활의 시작을 잘 하자.'로 정하자는 수정 동의에 재청 있습니까?"

석대의원: "재청합니다."

의장: "음대의원께서 제안한 9월 생활 목표를 '학교생활의 시작을 잘 하자'로 정하자는 수정 동의는 성립되었습니다."

제안 설명, 질의, 토론은 제1호 의안 심의와 같은 요령으로 진행한다.)

의장: "그럼 2호 의안의 원안과 수정 동의에 대하여 토론을 종결하고 표결에 들어가겠습니다. 먼저 9월 생활 목표를 '학교생활의 시작을 잘 하자.'라고 정하자는 수정 동의에 찬성하시는 분은 손을 들어 주십시오. 반대하시는 분은?"

(서기가 찬성, 반대, 기권의 수를 세어 의장에게 보고한다.)

의장: "9월 생활 목표를 '학교생활의 시작을 잘 하자'라고 정하자는 2호 수정 동의는 찬성 51명, 반대 7명, 기권 1명으로 의결 정족수인 재석 과반수의 잔성을 얻었으므로 가결되었습니다."

(의사봉을 3회 두드린다.)

※학교생활 목표 설정에 있어서, 위와 같이 동의의 형식을 갖추어 제안하면 원안에 대하여, 수정, 재수정을 통하여 토의되는데, 폭넓은 제안을 할 수 없다는 단점이 있으므로, 빈칸 메우기 방법을 이용하여 생활 목표를 정할 수도 있다.

빈칸 메우기를 위한 동의는 수정 동의가 되는 것이 아니라, 각각 독립된 제안들로서 재청 없이 제안할 수 있으며, 의장은 모든 대의원들이 들을 수 있게 제안을 말하고 이를 각각 독립된 안으로 상정, 일괄 토의하고, 제안된 순서대로 의안을 표결하여 필요한 수의 의안만을 채택하고 나머지 의안은 폐기한다.

<빈칸 메우기 방법의 예>

의장: "다음은 제2호 의안인 9월 생활 목표를 결정하는 순서입니다. 우리가 실천해야 할 생활 목표에 관하여는 각기 다른 좋은 의견이 많을 것이므로, 빈 칸 메우기의 방법을 활용하여, 여러분의 동의는 모두 독립된 제안으로 취급하고, 제안된 순서에 따라 차례로 표결하여 한 개의 안만을 결정하겠습니다. 그러면 의견 있으신 분은 제안해 주시기 바랍니다."

황대의원: "9월 생활 목표를 '시작을 잘 하자.'로 정할 것을 제안합니다."

의장: "황대의원께서 9월 생활 목표를 '시작을 잘 하자.'로 정할 것을 제안해 주셨습니다."

음대의원: "9월 생활목표를 '실력을 발휘하자.'라고 정할 것을 제안합니다."

의장: "음대의원께서는 9월 생활 목표를 '실력을 발휘하자'로 정할 것을 제안하셨습니다."

간대의원: "9월 생활 목표를 '질서를 잘 지키자'라고 정할 것을 제안합니다."

의장: "간대의원께서 9월 생활목표를 '질서를 잘 지키자.'로 정할 것을 제안해 주셨습니다."

(이와 같은 방법으로 각각 독립된 제안들로서 받고 필요하다고 판단되면 일괄 토의를 거쳐 제안된 순서대로 표결에 붙이거나, 그렇지 않으면 토의없이 표결에 붙인다.)

" 또 다른 의견 있습니까?"

모두: "없습니다."

의장: "그러면 표결에 들어가겠습니다. 먼저 황대의원께서 제안하신 9원 생활 목표를 '시작을 잘하자.'라고 정하자는 의안에 찬성하시는 분은 손을 들어 주십시오. 반대하시는 분은?"

(서기는 찬·반 회원수를 세어 의장에게 보고한다. 가결되었으면 재석 ○○명 중 찬성 ○○명, 반대 ○○명, 기권○명으로 가결을 선포하고, 부결되었으면 다음 의안을 표결에 붙인다.)

의장: "9월 생활 목표로 '시작을 잘 하자.'라는 안은 재석59명 중 찬성을 28명, 반대27명, 기권 4명으로 재석 대의원 과반수의 찬성을 얻지 못하였으므로 부결되었습니다."

(의사봉을 3회 두드린다.)

"다음은 음대의원께서 제안하신 9월 생활 목표를 '실력을 발휘하자.'라고 정하자는 의안에 찬성하시는 분은 손을 들어 주십시오. 반대하시는 분은?"

(서기는 찬·반 회원수를 세어 의장에게 보고한다. 가결되었으면 다음 의안은 표결하지 않는다.)

의장: "음대의원께서 제안하신 9월 생활 목표를 '실력을 발휘하자.'라고 정하자는 의안은 재석 59명중 찬성 32명, 반대 26명 기권 1명으로 재석 대의원과반수의 찬성을 얻었으므로 가결되었습니다."

(의사봉을 3회 두드린다.)

의장: "다음은 '학교 행사를 다양하게 하자고 학교에 건의하자.'는 3호 의안을 상정합니다."

(의사봉을 1회 두드린다.)

의장: "이의안의 제안자인 나대의원께서는 나오셔서 제안 설명을 해 주시기 바랍니다."

나대의원: "○○○입니다. 결실의 계절 가을을 맞이하여 여러 가지 발표회나 체육대회 등의 행사를 가졌으면 해서 이 의안을 내 놓게 되었습니다."

의장: "다음은 3호 의안에 대하여 의문이 있으면 질의를 받겠습니다. 질의해 주시기 바랍니다."

권대의원: "학교 행사란 무엇을 의미하는지 막연합니다. 예를 들어 설명해 주시면 감사하겠습니다."

의장: "나대의원 답변해 주시겠습니까?"

나대의원: "우리들이 갈고 닦은 실력을 발휘하자면 클럽 활동반 발표회라든가 교내 체육 대회도 있고 백일장 사생대회 들이 있습니다."

의장: "또 다른 질의 있습니까? 없으시면 토론 순서로 넘어 가겠습니다."

마대의원: "의장, 수정 동의를 제출하고자 합니다."

의장: "수정 동의를 제출하여 주십시오."

라대의원: "저는 3호 의안에 대하여 구체적으로 10월초 연휴기간 중에 다양한 행사를 가지자고 학교에 건의하자고 수정 동의합니다."

의장: "3호 의안에 대하여 '10월초 연휴 기간 중에 다양한 행사를 가지자고 학교에 건의하자.'는 수정 동의가 들어왔습니다."

라대의원: "재청합니다."

의장: "마대의원의 수정 동의는 라대의원의 제청으로 성립되었습니다."

의장: "마대의원의 '10월 초 연휴 기간 중에 다양한 행사를 가지자고 학교에 건의하자'는 3호 의안의 수정 동의에 찬성하시는 분은 손을 들어 주십시오. 반대하시는 분은?"

(서기가 찬·반 회원수를 세어 의장에게 보고한다.)

의장: "10월 초 연휴기간 중에 다양한 행사를 갖도록 학교에 건의라는 3호의안의 수정 동의는 재석 59명 중 찬성 39명, 반대 19명, 기권 1명으로 의결 정족수인 재석 대의원 과반수의 찬성을 얻었으므로 가결되었습니다."

(의사봉을 3회 두드린다.)

(의장은 시간을 보아 다른 의안이 있으면 더 토의할 수도 있다. 회의를 마무리할 때는 오늘 회의에서 의결된 사항을 확인하고, 의안 심의가 끝나거나 대의원으로부터 폐회동의가 제출되어 가결되면, 선생님의 지도 조언을 들은 다음 일반적으로 교가를 제창한다.)

08 폐회선언

의장: "그러면 이상으로 ○○중(고등)학교 학생회 대의원회 9월 월례 회의를 마치겠습니다."

(의사봉을 3회 두드린다.)

제 7 장 회장선거

01 임시의장 선거

학기초에 반이 새로 구성되면 회장이 없어서 의장을 볼 사람이 없으므로 임시의장을 선출하여 선거를 하여야 한다. 회장선거가 끝나고 새로운 회장이 선출되면 임시의장은 회장에게 의사봉을 넘겨주고 임시의장의 임무가 끝나게 된다.

임시의장을 선출하려면 반원중에서 아무나 앞에 나와서 임시의장 선출에 필요한 투표용지를 나누어주고 무기명투표 방법으로 반원중에서 가장 많은 표를 얻은 반원이 임시의장이 된다. 이때 임시의장으로 당선될 수 있는 표수는 재석의 과반수도 아니고 재적의 과반수도 아니다. 표수에 관계없이 표를 가장 많이 득표한 반원이 임시의장으로 선출된다(허규, 1997: 33-39).

02 회장선거

(1) 재적의원의 과반수 득표로 당선되는 경우

임시의장: "지금부터 회장 선거를 실시하겠습니다. 회장후보의 추천을 받겠습니다. 회장후보를 추천할 의원이 있으면 구두 추천해 주시길 바랍니다."

박○○의원이 손을 든다.

임시의장: "박○○ 의원에게 발언권을 드리겠습니다."

박○○ 의원: "본의원은 이○○의원을 회장후보로 추천합니다."

임시의장: "회장후보에 이○○의원이 추천되었습니다. 또 다른 후보를 추천해 주십시오."

임○○의원이 손을 든다.

임시의장: "임○○의원에게 발언권을 드리겠습니다."

임○○의원: "본 의원은 송○○의원을 회장후보로 추천합니다."

임시의장: "회장후보에 송○○의원이 추천되었습니다. 또 다른 후보를 추천해 주십시오."

김○○의원이 손을 든다.

임시의장: "김○○의원에게 발언권을 드리겠습니다."

김○○의원: "본의원은 박○○의원을 회장후보로 추천합니다."

임시의장: "회장후보에 박○○의원이 추천되었습니다. 또 다른 후보를 추천해 주십시오."

더 이상 회장후보를 추천하는 의원이 없으면,

임시의장: "회장후보에 이○○의원, 송○○의원, 박○○의원 세 의원이 추천되었습니다. 각 후보는 감표위원을 한사람씩 추천해 주시기 바랍니다."

추천된 감표위원

이○○후보가 추천한 박○○의원

송○○후보가 추천한 임○○의원

박○○후보가 추천한 김○○의원

임시의장: "세 감표위원은 나오셔서 소견발표 순서를 결정해 주십시오."

※감표위원들이 앞으로 나와서 서기책상 위에 놓인 번호가 기입된 종이를 한 장씩 집어서 서기에게 펴 보이므로써 그 순서가 결정된다.

임시의장: "회장후보들의 소견발표 순서를 발표하겠습니다.

첫 번째 이○○후보

두 번째 송○○후보

세 번째 박○○후보

첫 번째 순서인 이○○후보는 나오셔서 소견발표를 해 주시기 바랍니다."

이○○후보: "본인을 회장으로 선출해 주신다면 3학년 1반을 위하여 열심히 일하겠습니다. 많이 지지해 주시기 바랍니다."

임시의장: " 송○○후보는 나오셔서 소견발표를 해주십시오."

송○○후보: "본인을 회장으로 뽑아주신다면 힘자라는 데까지 열심히 일하겠습니다. 잘 부탁합니다."

임시의장: "다음은 세 번째 순서인 박○○후보는 나오셔서 소

견발표를 해 주시기 바랍니다."

박○○후보: "감사합니다. 열심히 일하겠습니다. 여러분들의 적극적인 지지를 부탁드립니다."

임시의장: "세 후보의 소견발표가 끝났습니다. 세 분 감표위원들은 나오셔서 투표함과 기표소를 검사해 주시고 투표진행 상황을 지켜보아 주시기 바랍니다."

감표위원들의 기표소와 투표함의 검사가 끝나고 나면

임시의장: "지금으로부터 투표에 들어가겠습니다. 반 번호 1번 의원부터 순서대로 나오셔서 투표해 주시기 바랍니다.

반원들의 투표가 모두 끝나고 나면 임시의장과 감표위원들이 투표를 한다.

임시의장: "투표가 종료되었음을 선포합니다."

※임시의장은 의사봉을 세 번 두드린다.

임시의장: "지금으로부터 개표하겠습니다. 서기는 나오셔서 개표해 주시고 감표위원은 개표상황을 지켜보아 주시기 바랍니다."

개표결과

이○○후보 25표

송○○후보 10표

박○○후보 5표

임시의장: "이○○후보가 의결정족수 40표의 과반수인 25표를 득표하여 3학년 1반의 회장으로 당선되었음을 선포합니다."

※임시의장은 의사봉을 세 번 두드린다.

(2) 재적의원의 과반수 득표자가 없어 결선투표로 당선되는 경우

개표결과

이○○후보 18표

송○○후보 12표

박○○후보 10표

표결결과가 이상과 같이 되면 아무도 의결정족수 40표의 과반수를 득표한 후보가 없으므로

임시의장: "1차 투표결과 의결정족수의 과반수를 득표한 당선자가 없으므로 지금부터 2차 투표를 실시하겠습니다. 감표위원은 나오셔서 투표함과 기표소를 검사해 주시고 투표의 진행상황을 지켜보아 주시기 바랍니다."

감표위원들의 기표소와 투표함의 검사가 끝나고 나면,

임시의장: "지금으로부터 2차 투표에 들어가겠습니다. 반 번호 1번의원부터 순서대로 나오셔서 투표해 주시기 바랍니다."

반원들의 투표가 모두 끝나고 나면 임시의장과 감표위원들이 투표를 한다.

임시의장: "투표가 종료되었음을 선포합니다."

※임시의장은 의사봉을 세 번 두드린다.

임시의장: "지금으로부터 개표하겠습니다. 서기는 나오셔서 개표해 주시고 감표위원들은 개표상황을 지켜보아 주시기 바랍니다."

개표결과

이○○후보 18표

송○○후보 10표

박○○후보 12표

개표결과가 이상과 같이 되면 2차 투표에서도 의결정족수 40표의 과반수를 득표한 후보가 없으므로 최고득표자인 이○○후보와 차점자인 박○○후보 두 사람에 대하여 결선투표를 실시한다.

임시의장: "2차 투표결과 의결정족수의 과반수를 득표한 당선자가 없으므로 지금부터 최고득표자인 이○○후보와 차점자인 박○○후보에 대하여 결선투표를 실시하겠습니다. 감표위원은 나오셔서 투표함과 기표소를 검사해 주시고 투표의 진행상황을 지켜보아 주시기 바랍니다."

감표위원들의 기표소와 투표함의 검사가 끝나고 나면

임시의장: "지금으로부터 결선투표에 들어가겠습니다. 반 번호 1번 의원부터 순서대로 나오셔서 투표해 주시기 바랍니다.

반원들의 투표가 끝나고 나면 임시의장과 감표위원들이 투표를 한다.

임시의장: "투표가 종료되었음을 선포합니다."

※임시의장은 의사봉을 세 번 두드린다.

임시의장: "지금으로부터 개표하겠습니다. 서기는 나오셔서 개표해 주시고 감표위원들은 개표상황을 지켜보아 주시기 바랍니다."

개표결과

이○○후보 19표

박○○후보 11표

기　　　권 10표

※투표결과 이상과 같이 의결정족수 40표의 과반수인 21표 이상의 득표자가 나오지 않았다 하더라도 결선투표에서는 국회법 제15조에 의하여 이○○후보가 회장으로 당선된다.

임시의장: "3학년 1반 회장에 이○○후보가 당선되었음을 선포합니다."

※임시의장은 의사봉을 세 번 두드린다.

부회장선거도 회장선거와 같은 방법으로 진행하고 임원선거가 끝나면 임시의장의 임무는 모두 끝난다.

제8장 만화 회의진행 (○○고등학교 학생회 대의원 회의)

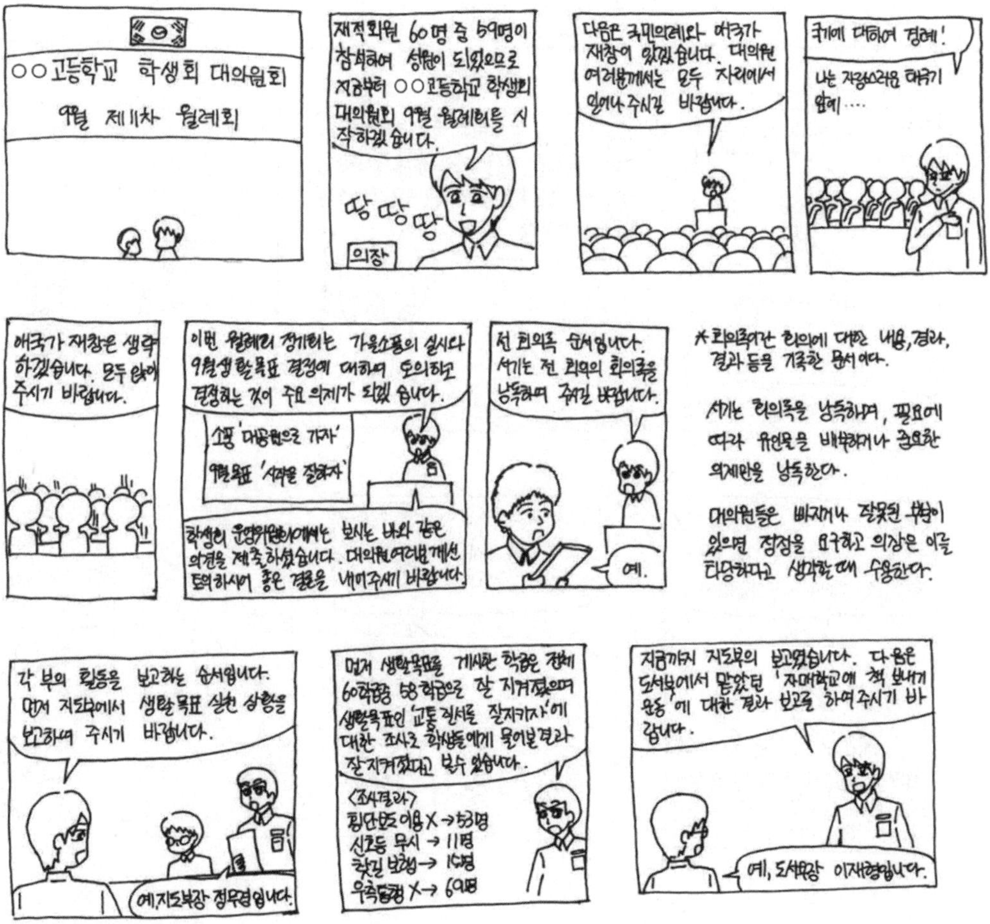

지난 8월 월례회에서 결정한 대로 전교생으로부터 책을 모은 결과 모두 570권이 모아졌고 이 책들은 내일 김 선생님과 도서부원들이 택배로 보낼 예정입니다.
소설책 371권
위인전 120권
사전류 23권
기타 56권
의장, 질의 있습니다.
장대의원, 말씀하십시오.
택배로 책을 보낸다고 하였는데 운임은 어떻게 마련하였습니까?
택배비용은 전부 학교에서 마련해 주시기로 하였습니다.
그 밖의 더 질의 하실 분 계십니까?
더 이상 질의가 없으므로 보고사항을 마치겠습니다.
다음은 의안 보고 및 채택의 순서입니다. 앞서 설명한 대공원으로 소풍을 가자와 시작을 잘하자의 의안 외에 오늘 회의에서 다루고 싶은 의안이 있으시면 제출해 주시기 바랍니다.
장대의원 말씀해 주십시오.
'학교행사를 다양하게 하자'고 학교에 건의하기를 동의합니다.
재청합니다.
장대의원께서 제안한 '학교행사를 다양하게 하자'고 학교에 건의하는 동의는 김대의원의 재청으로 성립되었습니다.
그러면 이 의안의 채택 여부를 표결하겠습니다. 찬성하시는 분은 손을 들어 주십시오. 반대하시는 분은?
이 건의에 대해 재석 59명 중 찬성 38명, 반대 20명, 기권 1명으로 재석 과반수의 찬성을 얻었으므로 채택되었습니다.
땅 땅 땅
다른 의안은 없습니까?
더 이상 상정할 것이 없는 것 같으므로 의안 1, 2, 3호 순으로 의사 일정을 확정 지을 것을 동의합니다.

이의 없습니까?
없습니다.
땅
땅 땅
그러면 오늘 회의에서 다룰 의안은 제1호 '대공원으로 소풍을 가자', 제2호 '9월 생활목표를 '시작을 잘하자' 제3호 학교행사를 다양하게 하자고 학교에 건의하자 입니다. 제 1.2.3호 의안이 채택되었음을 선포합니다.
지금은 의안 심의 순서입니다. 우리들의 가을 소풍에 대한 의안으로 '대공원으로 소풍을 가자'는 1호 의안을 상정합니다.
땅!
이 의안의 제안자인 유대의원은 나오셔서 설명해 주시길 바랍니다.
학생회 부장 유용배입니다. 소풍에서 중요한 것은 언제, 어디로 소풍을 갈것이냐 하는 것입니다. 그래서 운영위원회에서 논의한 결과 소풍일은 학교 월중 계획서에 소풍일로 정해진 9월 11일에 대공원으로 가자고 안을 내놓게 되었습니다. 대공원은 교통편도 편리하고 시설도 좋습니다.
다음은 질의를 받겠습니다.
의장, 질의 있습니다.
예, 정대의원. 말씀하십시오.
우리학생들 중 대공원에 가보지 못한 학생과 가본학생은 어느 정도이며 교통편과 시설은 얼마나 좋은지 알고 싶습니다.
예, 대공원에 가본 학생들은 조사해 보지는 않았습니다만 가본 학생이 상당수가 되리라 생각합니다. 또 대중교통이 많아 교통편은 편리합니다.
의장, 질의 있습니다.
예, 김대의원, 말씀하십시오
대공원의 입장료는 얼마인가요?
단체는 개인당 300원, 개인으로 갈 때는 500원 입니다.
다른 질의가 없으시면 토론을 하겠습니다. 손을 들어 신청해 주시길 바랍니다.
의장
장
예, 장대의원. 말씀하십시오.
우리들은 초등학교때 부터 1년에 두번씩은 소풍을 갔습니다. 대공원만 하더라도 전혀 새로운 감이 없고 출입제한구역도 많고 쉴 공간도 부족합니다. 날씨가 더우면 우리들은 지쳐서 기분이 엉망일 것입니다. 그래서 저는 '대공원으로 소풍가자' 의안을 반대합니다.
또 다른 분 말씀해 주십시오.

대공원은 교통이 편리하며 누구나 쉽게 찾아 갈수 있고 소풍일로 정해진 날짜에 사용할 때 이기 때문에 대공원으로 소풍을 가는 것을 찬성합니다.
* 의장은 찬반 양쪽에 교대로 발언권을 주어 토론을 진행한다.
토론종결 제의가 있으면 '이의없습니까'라고 물어 이의가 없다면 토론을 종결시키고 이의가 있다면 토론을 계속한다.
이제 1호 의안에 대해 토론을 종결하는 것이 어떻겠습니까?
의장, 수정안이 있습니다. 경복궁으로 소풍을 가자고 수정동의 합니다.
재청합니다.
* 수정 동의 제출은 개회전에 미리 상정시켜 놓을 수도 있고 회의중에 할 수도 있으나 토론이 종결되기 전까지는 계속하여야 한다.
최대의원께서 제출한 수정동의를 서대의원의 재청으로 성립되었습니다. 본 수정 동의의 제안자인 최대의원께서 설명해 주십시요.
경복궁은 우리들이 여러가지를 배울수 있는 유서 깊은 곳 입니다. 다아는 곳이기도 하지만 이곳으로 소풍을 간다면 또다른 의미가 있을 것으로 생각되고 교통편도 편리하기 때문에 수정동의를 내게 된 것입니다.
우리들의 소풍을 경복궁으로 가자는 수정 동의안에 찬성하시는 분은 손을 들어 주세요. 반대하시는 분은?
*이때 서기가 찬성과 반대의 의원 수를 세어 의장에게 보고
우리들의 소풍을 경복궁으로 가자는 수정안에 대한 의안은 재석 59명중 찬성 11명, 반대 45명 기권 3명으로 부결되었습니다.
땅 땅 땅
수정안이 부결 되었으므로 대공원으로 소풍을 가자는 원안에 대해 표결하겠습니다. 찬성 하시는 분은 손을 들어 주시기 바랍니다.
원안에 대한 의견은 재석 59명 중 찬성 38명, 반대 12명, 기권 9명으로 가결되었습니다.
땅 땅 땅

9월 생활목표를 '실력을 발휘하자' 라고 정할것을 제안합니다.
장대의원께서 '실력을 발휘하자'라는 제안을 하셨습니다.
9월 생활 목표를 '질서를 잘지키자'라고 정할 것을 제안합니다.
이대의원께서 '질서를 잘 지키자'라고 정할것을 제안하셨습니다.
또 다른 의견있습니까?
없습니다
그러면 표결을 시작하도록 하겠습니다.
먼저 정대의원께서 제안하신 9월 생활 목표 '시작을 잘하자'로 정하자는 의안에 찬성하시는 분은 손을 들어 주십시오. 반대하시는 분은?
9월 생활 목표를 '시작을 잘하자'라는 안은 재석 59명중 찬성 28명, 반대 27명, 기권 4명으로 재석 대의원 과반수의 찬성을 얻지 못하였으므로 부결합니다.
땅
땅
땅
다음은 장대의원께서 제안하신 '실력을 발휘하자'에 대한 표결이 있겠습니다. 찬성하시는 분은 손을 들어 주시길 바랍니다. 반대하시는 분은?
'실력을 발휘하자' 안에 대한 표결결과 재석 59명중 찬성 32명, 반대 26명, 기권 1명으로 재석 대의원 과반수의 찬성을 얻었으므로 가결 되었습니다.
땅
땅
땅
다음은 '학교행사는 다양하게 하자고 학교에 건의하자'는 3호 의안을 상정합니다.
땅
이 의안의 제안자이신 장대의원께서 나오셔서 제안 설명을 해주시길 바랍니다.
결실의 계절 가을을 맞이하여, 여러 가지 발표회나 체육 대회 등의 행사를 가졌으면 해서 이 의안을 내게 되었습니다.
다음은 질의를 받겠습니다.
의장, 질의 있습니다.
김대의원, 말씀해 주십시오.
학교행사란 무엇을 의미하는지 막연합니다. 예를 들어 설명해 주시면 감사하겠습니다.
우리들이 갈고 닦은 실력을 발휘하자면 클럽활동반 발표회라든가 교내 체육대회, 백일장 사생대회 등이 있습니다.

또 다른 질의가 없으시면은 토론순서로 넘어가겠습니다.
의장, 수정 동의를 제출하고 싶습니다.
수정동의를 제출하여 주십시요
저는 3호 의안에 대하여 구체적으로 10월 초 연휴 기간중에 다양한 행사를 가지자고 학교에 건의하자고 수정 동의 합니다.
재청합니다.
유대의원의 수정동의는 최대의원의 재청으로 성립되었습니다.
이 수정동의에 대하여 표결하겠습니다. 찬성하시는 분은 손을 들어 주십시오. 반대하시는분은?
10월 초 연휴기간 중에 다양한 행사를 갖도록 학교에 건의하자는 3호 의안의 수정동의는 재석59명중 찬성 39명, 반대 19명, 기권 1명으로 의결 정족수인 재석대의원 과반수의 찬성을 얻었으므로 가결 되었습니다.
땅 땅 땅
이로써 9월 월례회의 결과는 제1호 의안 '대중원으로 소풍을 가자' 제2호 의안 '학교생활의 시작을 잘하자'. 제 3호 의안 '10월 초 연휴기간 중에 다양한 행사를 하자'로 정해졌습니다.
다음은 교가 제창이 있겠습니다.
그러면 이상으로 계성고등학교 학생회 대의원회 9월 월례회 회의를 마치겠습니다.
땅 땅 땅

3부 연설문 모음

(1) [연설문]

연설문

○○년도 ○○청년회의소
지구회장 후보 ○○○

존경하는 ○○수석대표 및 회원 여러분!

도로변 가로수에 몇 장 안 남은 은행잎이 마른 가지에 매달려 있는 모습을 보며 이제 가을도 다 갔구나, 하는 생각이 들었습니다. 거리에 수북하게 쌓인 은행잎들은 세월의 흐름을 다시금 느끼게 합니다. 세월의 흐름과 함께 ○○청년회의소 40년 역사를 이어오신 역대지구회장님 한분 한분에게 진심으로 감사와 존경을 드립니다. 명예와 소신을 중시하며, 청년의 패기와 열정으로 ○○의 새로운 역사와 발전을 위해 ○○이라고 하는 중책을 수행하기 위하여 입후보한 ○○소속 ○○입니다.

청년이라는 희망 찬 단어 속에 ○○를 가슴속에 7년을 세기면서 소신과 원칙을 배웠고 다수의 의견도 소수의 의견도 중요하다는 것을 배웠습니다. 지구회장 출마까지 결코 쉬운 결정은 아니었습니다. 하지만 고민은 오래하지 않았습니다. 자랑스런 40년의 역사와 전통을 지켜오고 숭고한 ○○이념을 실천하며 구현하는 ○○의 그루터기가 되기 위하여 저는 청년 회원 여러분들과 함께 당당하게 섰습니다.

존경하고 사랑하는 수석대표, 대의원 여러분! 지난 역사의 청년운동은 우리들 가슴속에 즐거운 열정으로 살아 숨 쉬고 조국의 미래를 개척하는 힘찬 원동력이 되었습니다. 지금도 우리에게는 비상하려고 낮은 자세로 있는 매서운 독수리처럼 패기와 정열이 가득한 2천여 회원들이 함께하고 있고 희망이 보입니다.

한국전쟁 이후 폐허된 조국을 세우기 위하여 청년의 역할은 중요했고 ○○의 행동은 희망이었고 미래였던 우리의 역할과 비중은 약해지고 있습니다. 이것은 열린 생각보다는 지난 역사의 영광만을 생각하는 폐쇄적인 마음과 21세기에 맞는 청년문화를 선도하기 보다는 과거 문화를 계승하려는 경직된 문화가 청년들의 역량과 마인드를 충족해주지 못하고 있기 때문입니다. 또한 조직운영에 대하여 원칙보다는 관행으로 판단하고 수직만을 강요하는 권위적인 제도들이 회원들의 뜨거운 열정을 가로막고 있기 때문입니다. 한국사회는 보수와 진보가 공존하면서 환경운동, 시민운동, 통일운동 등 시대에 맞는 다양한 NGO단체 형성과 함께 대중 사회는 급속하게 변함에도 불구하고 우리는 ○○의 숭고한 이념을 구현하고 미래를 준비하는 창조적인 ○○정통성이 아닌 선배들의 사업운영방식과 형식을 답습하고 낡은 문화와 권위적인 청년문화의 전통을 강요했습니다.

저는 2천여 회원 여러분들과 함께 변화의 중심에 서겠습니다. '옛것을 지키고 새로운 것을 익힌다.'는 온고지신 마음으로 ○○년을 열어가겠습니다. 회원들의 역량과 능력을 최대한 표출할 수 있도록 기회의 장을 펼쳐 리딩 ○○의 자부심과 함께 건강한 조직으로 만들겠습니다. 그리고 새로운 ○○상을 만들겠습니다. 오늘날은 문화를 즐기는 시대이며 또한 자신을 당당하게 알리는 PR시대이면서 무한 경쟁의 시대입니다. 시민과 함께 하는 문화체험과 공연을 지원하고 지역사회개발과 지도역량개발에 힘쓰고 있는 지방○○를 홍보하며 NGO단체와 선의의 경쟁을 통한 21세기형 ○○로 탈바꿈하겠습니다. 우리들만의 단체가 아닌 시민과 함께하고 다른 단체와 공동사업을 추진하여 ○○의 리더십을 발휘할 수 있도록 역할을 만들겠습니다.

저는 ○○년 회원여분들에게 "청년의 열정! 희망을 깨우는○○"로 명제를 제시하고자 합니다. ○○의 역사와 전통을 바탕으로 지역청년운동을 주도하며 ○○의 숭고한 이념을 실천하고 있는 우리는 [리더십]이라는 단어를 배우기 위하여 지금까지 달려왔습니다. 다시 힘차게 움직이겠습니다. 청년의 도전정신과 결코 좌절하지 않은 의지로 희망찬 ○○년을 위하여 힘차게 달려 나아가겠습니다.

사랑하고 존경하는 회원여러분! 변화와 개혁은 중요하지만 청년의 정신을 이뤄내고 희망을 노래하기 위해서는 더 중요한 것이 원칙입니다. 저는 ○○년 ○○변화와 발전을 위하여 소신있는 원칙을 말씀드리겠습니다.

[조직의 내부결속을 통한 정체성 확립을 위하여 노력하겠습니다.]

○○는 회원으로 가입하면서 ○○○신조를 외칩니다. ○○○신조 마지막 조항에는 ○○행동의 목표와 정체성을 요약하고 있습니다. 그것은 인류에 대한 봉사적 정신인 것으로, 봉사의 대상은 국가나 민족 혹은 단체와 직결되는 것이며 우리들은 봉사의 대상을 인류에서 구하는 내용이 있습니다. 보이지 않게 팽배해져 있는 개인주의를 타파하고 상호 존중하는 조직을 우선시하며 ○○를 바로 이해하도록 로칼 방문 및 홍보물을 제작하여 적극적인 홍보를 하겠습니다.

[새로운 지역사회개발을 통한 ○○의 정체성 및 이미지 제고에 노력하겠습니다.]

○○는 지도역량개발, 지역사회개발, 경영능력개발, 국제와의 우호증진을 위한 4대 이념을 실천하기 위하여 ○○에서는 많은 노력을 기하고 있다. 리더십 개발을 위한 사업실천이 바로 지역사회개발입니다. 30년 전통을 이어가고 있는 ○○'맹호기축구대회'를 기점으로 관내유소년 스포츠대회, 성인 스포츠 대회, 문화탐방, 환경보호운동, 봉사활동 등 개최하고 있으며 모범적인 행사도 있지만 대부분 사업들이 우리들만의 행사로 국한되어 고비용 저효율 행사

가 많습니다. 이제 조금씩 변해야 하고 개선되어야 합니다. ○○단독행사가 아닌 공동주최 또는 공동 주관 행사를 하여 ○○홍보를 하고 상호 단체를 이해하여야 합니다.

또한 21세기형 지역사회개발도 모색해야 합니다. ○○에서 주관하는 '성북구민을 위한 청소년페스티벌'은 성북구청으로부터 예산을 지원받아 행사를 개최하여 많은 호응을 얻고 있습니다. 시민들과 함께하는 행사(음악회),내년 지방자치선거를 대비한 지방자치단체장 대담토론회 개최, 지역사회 문제를 다룰 정책토론회 개최, 통일시대를 대비한 북한 바로알기 행사 등 좀 더 진취적인 행사를 기획하고 진행해야 할 것입니다. 행사 개최도 ○○단독행사가 아닌 지방자치단체, 지역 체육회, 바른선거시민모임, 선거관리위원회, 지역NGO단체, 지역 언론사 , 민주평화통일자문회의 등과 공동사업을 전개하여 ○○위상을 높여야 합니다.

[○○홍보를 강화하여 회원배가 운동에 힘쓰겠습니다.]

최근 급격한 경제 침체와 전반적인 사회 불균형이 원인이 되어 일부 지방○○를 제외하고 대부분의 지방○○는 회원배가에 많은 어려움에 직면하고 있습니다. 1차적으로 지방○○에서 많은 조력을 해야 할 것이며 2차적으로 ○○홍보마케팅을 적극적으로 할 것입니다. 청년층 회원들이 많은 단체를 대상으로 스포츠 대회를 개최하고 인터넷신문을 구축하여 온라인 홍보도 강화하겠습니다. ○○홍보단을 구축하여 각종회에 참석하도록 지원뿐만 아니라 청년NGO단체와 자매결연을 맺어 회원가입을 하도록 유도하겠습니다.

존경하는 수석대표 및 대의원 여러분!

'실패한 일을 후회하는 것보다 해 보지도 못하고 후회하는 것이 훨씬 더 바보스럽다.'라는 탈무드 글귀가 생각납니다. 저는 오늘 여러분 앞에 후회하는 아쉬움이 청년정신으로 자랑스런 ○○지구 회장에 도전하기 위하여 감히 이 자리에 서 있습니다. 리더는 함께 하고 있는 회원들에게 비전을 세우고 알려주는 것이며 동기부여를 통한 회원간의 빠른 융화가 될 수 있도록 많은 기회를 주고 조직을 계승할 우수한 인재를 발굴하는 것이라고 생각합니다.

저는 ○○○○년 ○○청년회의소 회장을 역임하고 올해 ○○지구 상임부회장으로 재임하면서 새로운 비전의 문제와 희망을 제시하기 위하여 리더의 마음으로 준비하였습니다. 지구회장은 회원배가에 어려움을 맞고 있는 지금의 ○○론을 토대로 ○○의 발전을 위해 열과 성을 다하여 최선의 노력하겠습니다.

감사합니다.

(2) [격려사]

좋은 사람을 만든다는 것

특우회장 ○○○

친애하는 ○○○○ 및 부인회 여러분!

열길 물속은 알아도 한 길 사람 속은 모르니 사귀어 봐야 안다는 격언이 오늘처럼 절실하게 느껴지는 때도 없습니다.

○○년 동안 ○○라는 조직의 속을 알고져 몸소 부딪쳐 보고 그 속에서 조직원들인 우리는 서로를 알기 위하여 애증이 교차되는 갈등과 함께 우리 ○○가족 모두는 오늘도 사귐을 계속하고 있습니다. 그 과정 속에서 때로는 다툼과 반복이 증폭되어 괴로운 심사를 애써 달래어 보기도 하고 또 때로는 나를 사랑하는 또 다른 나의 분신을 발견하고 젊은 시절의 꿈과 낭만을 밤새 불태우며 가슴저린 우정의 진한 감동과 함께 우리는 하나임을 깨닫고 진정 조직의 영광과 회원의 긍지를 느끼기도 하였습니다. 이렇게 하는 것이 조직을 알고 조직의 일원으로서 마땅히 겪어야 할 과정 아니겠습니까?

좋은 사람을 만든 다는 것! 좋은 사람을 만난 다는 것!

○○이념 중에 이보다 더 소중한 진리는 없다고 생각합니다. 우리 인생의 근본이 옳고 바르게 나를 가꾸고 나 보다 더 훌륭한 인격체인 너를 만난다는 것임에 크나큰 생의 기쁨이요, 보람입니다. 수많은 조직과 사람 중에서 우리는 ○○라는 그것도 ○○이라는 곳에서 만남을 이룩하였습니다. 이 얼마나 소중하고 아름다운 인연입니까? 저 자신을 회고해 보면 ○○○○에 몸 담은 지 어언○○년 특우회로 전역 한 것이 벌써 7년입니다. 예나 지금이나 다름없이 생각나

는 것은 혈기 왕성한 시절의 추억 속에 그 어느 사람들과의 만남과 이별 그리고 갈등과 사랑의 역사입니다. 당시 가당치도 않은 의협심으로 겁 없이 행동하며 그로서 이룩한 일들도 많지만 반대로 아집과 이기심과 알량한 자존심 때문에 빚어진 친구들에게 끼친 가슴 아픈 말과 상처 또한 적지 아니 할진데 어찌 반성과 회한이 없겠습니까?

사랑하는 회우 여러분! 그러나 ○○라는 조직의 속은 정말 깨끗하고 알차고 내가 나를 던진 만큼 나에게 보람과 희망과 성공의 기쁨을 주는 크나큰 기회의 공간입니다.

여러분이 이 기회의 공간에서 소리치는 만큼 메아리는 반드시 돌아옵니다. 만약 우리들의 속마음이 바르지 못하거나 최선을 다하지 아니하고 결과에만 집착한다면 그 속을 속속들이 다 알아 내십시오. 그리고 같이 걷는 나 아닌 나의 분신들의 속내를 알기 위하거든 우선 나 자신의 모든 것을 송두리째 보이십시오.

나는 원칙을 존중하고 불의와 타협하지 아니하며 알량한 지식과 조금의 금전도 뽐내지 아니하며 그 어떤 부족함에도 결코 기죽지 아니하며 조직의 의사를 존중하고 조직원으로서 금도를 지키며 너를 위하여 기꺼이 바칠 내 젊음이 있다고 그리고 나는 항상 나 자신을 위하여 충전하리라는 강한 자부심과 용기를 가지십시오.

그 어느 때보다 어려운 경제, 사회여건들이 여러분들을 압박하고 주눅 들게 합니다. 여러분들의 양어깨에 ○○의 앞날이 걸려 있는데 힘들어하고 위축된 모습을 볼 때 안타까운 마음 금할 수 없습니다.

그러나 사랑하는 후배 여러분, 여러분들이 처한 지금의 상황보다 더 어려운 환경 속에서 우리는 태동하고 발전하여 왔습니다. 이다음의 여러분들이 힘겹게 헤쳐 온 인고의 역사를 또 다른 후배들에게 자랑스럽게 전해줄 수 있는 오늘을 만들어 내야 합니다. 서로가 지향하는 바 수단은 달라도 우리의 목적은 하나입니다. 때문에 서로 용서하고 화합하는 동화작용의 일환으로 서로를 알고져 그리고 이해하고져 노력하십시오. 결국 좋은 사람 만들고 좋은 사람 만나는 ○○이념 구현을 위해서 말입니다.

우리는 금년도에 서로의 속을 잘 알고 사랑하게 된 두 사람의 형제를 뜻하지 아니하게 잃었습니다. 두 분의 죽음을 우리 모두는 말할 수 없는 비통함으로 가슴아파하였습니다. 그러나 말없는 가운데 우리들 가슴에 전율처럼 아로 새겨지는 것은 비단 저 혼자만의 느낌만은 아닐 것입니다.

영원한○○. 영원한 우정.

서로를 더 잘 압시다. 그리고 내가 먼저 겸손한 마음으로 마음의 문을 활짝 엽시다. 더 늦기 전에 말입니다. 금년 한해 본회 발전을 위하여 혼신의 힘을 다한 ○○○회장을 비롯한 회우 여러분 그리고 ○○○부인회장과 부인회원 여러분들의 수고에 진심으로 고마운 인사드리며, 여러분의 건강과 사업의 번영을 기원 드립니다.

(3) [격려사]

명문로칼의 위치를 고수하기를

○○○○ 지구 회장 ○○○

풍요로움의 ○○월을 맞아 창립 ○○주년을 맞은 전 회원들과 가족들이 모여 기쁨의 자리를 마련한 모습이 아름다운 날을 맞아 축하인사를 드립니다.

「일년의 임기 백년의 책임」을 슬로건으로 하여 빛나는 청년운동의 역사를 새롭게 다짐하는 ○○회원 가족 여러분!

조국의 미래를 책임지겠다는 희망찬 각오와 다짐으로 청년들의 강한 집념의 결실로 맺어진 ○○이 청년의 나이를 이어 온 것은 그 의미의 남다른 만큼 새롭게 전해 옵니다.

특히 ○○년도엔 ○○국립현충원 사업을 지속적으로 실시하는 것은 물론 어린이 사생대회를 통해 환경보호의 의미를 새롭게 보여주신 점은 ○○세기를 향한 청년들의 바른 모습의 하나라고 보여집니다. ○○의 이름으로 ○○전 회원들과 함께 축하의 인사를 전하게 된 오늘 ○○의 창립기념일에 함께 해 주신 역대 선배회원 및 ○○가족 여러분!

뿌리를 튼튼하게 다져온 롬은 세월의 장구함 속에 더욱 든든한 모습으로 나타나고 있음을 우리는 동작 ○○를 통해 경험할 수 있습니다. 이것이 바로 오늘의 ○○가 명문 로칼의 위치를 고수하는 가장 큰 원동력이 아닐까 생각합니다.

흐르는 물은 절대 썩지 않듯이 선배회원들과의 조화와 현회원들의 정열적인 ○○사랑은 ○○ ○○세기 비전을 위한 새로운 에너지의 축이 될 것이라 보여집니다. ○○도 변화와 창조를 통한 ○○

년의 기상을 연출하기 위해 올 해 신○○ 부흥운동을 펼쳐온 것이기에 ○○의 창립○○주년을 맞이하면서 느끼는 감회는 새롭게 느껴집니다. 이제 우리 청년은 과거의 영광만을 생각하거나 진부한 모습을 탈피하여 신정보화 시대에 맞는 조직의 위상을 재건하고 빛나는 ○○세기 신문명의 선도자로서의 새로움을 보여주도록 해야 합니다. 이것이 오늘 창립○○주년의 의미를 새롭게 다지는 ○○회원들의 마음의 다짐과 결의로 모아지길 당부드립니다.

○○의 창립○○주년에 이르기까지 함께 해 주신 역대선배회원들의 노고에 대해서도 이 자리를 빌어 감사의 인사와 함께 참석해 주신 모든 분들의 행복과 건강을 소망합니다. ○○를 통한 무한의 가능성을 열어놓는 ○○가 창립○○주년을 맞아 새로운 도약을 이루는 뜻 깊은 날이 되길 기원드리며 행사 준비에 노고가 많으셨던 ○○○회장님과 회원들의 노고에 위로의 인사로 창립○○주년 축하인사를 대신합니다.

대단히 감사합니다.

(4) [격려사]

화해와 협력의 물결 속에서 우리 청년이 해야 할…

사단법인 ○○ 중앙회장 ○○○

지역을 발전시키고자 하는 청년들의 의지를 모아 ○○가 창립된 지 20년이 지났습니다. 그리고 지난 발자취를 하나로 모으고자 20년사 책자를 발간하게 된 것을 진심으로 축하드리며 그동안 ○○를 지원해 주신 주민과 여러분에게 감사의 말씀을 드리며 계속적인 관심 부탁드립니다.

존경하는 ○○회원 여러분!

○○는 지난 20년간 신체장애자 돕기 일일 자선찻집, 군부대 자매결연식, 바르게 살기 웅변대회, 관내 경로 위안 잔치, 관내 어린이 사생대회를 실시 일본 소학교와의 교류전을 갖는 등 지역사회를 위한 다양한 사업을 펼쳐온데 찬사를 보냅니다. 올해도 이러한 역량을 바탕으로 초등학교 웅변대회, 고아원 지원을 비롯해 ○○회원인 마라톤 선수 ○○○, ○○○후원의 밤을 주선 이들을 격려했습니다. 앞으로도 ○○가 더욱 알찬사업으로 지역민들에게 사랑받길 기대합니다.

○○회원 여러분

IMF위기에서 벗어나고 우리에게는 새로운 희망이 비치고 있습니다. 55년 만에 성사된 남북 정상회담과 이산가족과의 만남은 우리 사회에 큰 충격을 주었고 화해와 협력의 물결 속에서 우리 청년이 해야 할 일이 더욱 많아졌습니다.

이에 한국○○는 <21세기- 새로운 천년 ○○ DREAM>이라는 슬로건으로 “북한백서”를 제작 통일시대를 대비할 것이며 페어플레이 한국운동을 전국적으로 실시 부정부패를 척결하고 올바른 “한국정신”을 가꾸어 나갈 것입니다. 또 중국 연변 조선족을 배상으로 심장병 무료진료 사업을 실시 15명의 어린이를 무료 수술할 예정입니다. 한국○○는 이미 한일 주니어 사커 페스티발을 일본에서 개최 민간외교 증진에 공헌을 했으며 제16대 총선에서 27명의 ○○회원이 국회의원으로 당선 회원들을 크게 고무시켰습니다.

한국○○는 이와 같이 의미있는 여러 사업을 추진 중에 있습니다. 회원 여러분들의 지속적인 지지와 관심만이 이 사업들을 성공적으로 이끌 수 있으며 더욱 발전시켜 나갈 수 있습니다. 그리고 결국에는 ○○안에서 회원들이 꿈을 이룰 수 있는 그 날이 올 것입니다.

다시 한 번 ○○ 20년사 발간을 축하드리며 책자 발간에 노고가 많으신 ○○○회장을 비롯한 회원 여러분께 감사의 말씀을 드립니다.

감사합니다.

(5) [대회사]

대회사

○○지구 특우회 회장 ○○○

존경하는 역대회장님, 그리고 산악회 역대회장님과 ○○지구 ○○특우회 임원 및 선후배 동료 회우 여러분 반갑습니다. ○○○ 새해 복 많이 받으시고 건강하십시오.

시산제는 한해를 시작하며 모든 회원들의 안전한 산행과 일정을 돌봐 주십사하는 바램을 고하며, 마음의 다짐을 통한 산악인들의 결연한 의지를 펼쳐 보이는 날입니다.

이 자리에 참석하신 ○○지구○○특우회 가족 여러분! 현대사회를 살아가는 사람들의 삶의 중심은 여유로운 삶을 갈구하고 있습니다. 그 의미는 건강한 삶을 위한 노력입니다.

산은 나를 부른다! 산이 나를 유혹한다! 자연과 벗하는 친구들이여 호연지기를 나누며 천세만세를 즐겨보세!! 얼마나 가슴 설레이는 유혹입니까? 하늘과 땅 사이에 넘쳐 가득 찬, 넓고도 큰 원기를 받으며, 모두가 하나 될 수 있는 이 자리 앞에서 우리는 형제가 되어야 합니다.

사랑하고 존경하는 형제여러분!
오늘 이 자리에 참 잘 오셨습니다.
특우회의 근본은 친목입니다. 그중 우리를 결속시켜준 가장 중요한 프로그램이 산악회 활동일 것입니다. 또한 골프 동우회 활동입니다.

자연 속에서 벗하고, 인생을 말하며 삶의 지혜를 나누는 세상이 우리들에게는 있는 것입니다. 무병장수의 비결은 마음의 평화입니다. 온 가족이 건강하시고 뜻하시는 일의 성취와 소망을 이루시기위한 첫 걸음은 건강을 지키시는 일입니다.

새해 첫 산행을 시작으로 금년한해 빠짐없이 동참하시어, 우리들의 소중한 만남을 가꾸어 가시기를 간곡히 부탁드립니다.

○○년은 새로운 비전, 희망찬 미래라는 슬로건으로 특우회의 정체성 확립과, 정의가 살아 숨쉬는 희망이 있는 만남의 장으로 발전시켜 나아갈 것입니다.

금년 한해 여러분과 함께 고락을 함께하실 ○○○산악회장, ○○○총무, ○○○재무, ○○○담당 부회장님께서 최선을 다하실 것입니다. 기대하십시오.

(6) [대회사]

대회사 2

○○지구 특우회 회장 ○○○

봄기운 완연한 화창한 날씨에 이곳 ○○에서 존경하는 역대회장님, 그리고 ○○○골프회 회장을 비롯한, 임원 및 선후배 동료 회우 여러분을 뵙게 되니 더욱 반갑습니다.

금년에는 꼭 홀인원을 모두 하시고, 건강하십시오.

동절기를 지내고 새봄과 함께 한해를 알리는 시타식이야 말로, 우리 모두가 건재함을 확인하고 반가운 우정을 나누는 기쁜 날 임을 감사드립니다. 모든 회원들의 기량이 얼마나 줄고 늘었는지 오늘은 웃음이 묻어나는 날이 되실 줄 믿습니다.

존경하는 선배님 그리고 동료 후배 회우 여러분! 지난해 임시총회에서 큰 은혜를 입고 오늘 이 자리에서 회장의 직분을 수행하게 된 것은 여기계신 여러분들의 아낌없는 성원덕분입니다. 자리를 빌어 깊은 삼가의 인사를 드립니다.

여러 경로를 통하여 말씀 드렸듯이 특우회의 중요덕목은 친목이며, 인적교류를 통한 건전한 만남일 것입니다. 특우회 활동을 통한 만남의 장이 건전하고 유익할 때, 우리 조직은 발전할 것입니다. 정기총회에서 밝힌바 대로 금년은 34개 롬의 1,700여 회원들의 좌표가 될 슬로건으로 <새로운 비전 희망찬 미래>를 채택하여 변모하는 지구특우회를 만들어 갈 것입니다.

그 동안 현역과의 관계설정에 관한 깊이 있는 연구는 물론, 특우회의 정체성에 대한 심도있는 고민도 많이 해왔습니다. 이러한 당면과제를 슬기롭게 극복하며, 회원여러분에게 더욱 한발 다가서는 노력을 게을리 하지 않을 것입니다.

존경하는 선배 동료 회우 여러분! 40대 이전 후배들과 괴리감을 이해 할 수밖에 없을 것입니다.

○○조직에서 희생과 봉사를 통한 자기지도역량개발이라는 주요 명제를 배우고자하는 젊은이들이 줄어들고 있음을 피부로 느끼고 있는 현실에서 후배 현역들의 문제점도 깊이 연구할 시기임을 말씀드리며, 회원자녀들을 현역에 입회시켜 대를 이어가는 ○○가족이 되어주시기를 당부 드립니다.

오늘 이 귀한 자리를 주관하시는 ○○○회장, ○○○총무, ○○○재무, ○○○경기 간사, 그리고 골프회를 지금까지 발전시켜 오신 역대회장 및 임원여러분의 노고를 치하드리며, 담당 ○○○부회장의 노고에도 깊은 감사를 드립니다. 즐거운 날 되십시오.

(7) [발간사]

○○○○년 창립 ○○주년의 열매 가꿀 때

○○○○청년회의소 회장 ○○○

존경하는 회원 및 부인회 여러분!

우리의 젊음과 무한한 역량을 희망찬 조국의 미래 건설에 목표를 두고 지역사회에 뿌리 내린 ○○○○가 창립 제○○주년을 맞이하여 ○○○○ 제○○호 회지를 발간하게 됨을 뜻 깊게 생각합니다.

오늘의 찬란한 업적은 훌륭하신 초대 ○○○회장님을 비롯한 역대 회장님과 선배들의 뜨거운 열정과 순수한 희생으로 얼룩진 땀과 노력의 결실이 생생하게 담겨 있는 산 역사이기에 더욱 값진 의미가 있다고 자부합니다.

올해는 ○○○이라는 슬로건 아래 제○○회 ○○○○회원가족 체육대회에서 종합우승은 ○○○○의 자부심을 만끽하게 해준 쾌거였습니다.

이 모든 일이 우리 회원들의 한마음으로 뭉친 참여의식이라 생각됩니다. 저와 회장단은 함께 노력하고 회원 한분 한분이 음으로 양으로 도와주신 덕택이며 보람과 긍지를 느끼게 했습니다.

지난○○년의 역사가 오늘의 ○○○○를 있게 한 뿌리가 되었다면 줄기를 세워야 할 것이며, 이 바탕 속에서 우리 모두에게 영광을 안겨줄 탐스러운 ○○○○년 창립 ○○주년의 열매를 가꾸어야 할 것입니다.

여기에는 선배와 후배가 따로 있을 수 없고, 너와 내가 존재할 수가 없습니다.

우리 모두 한 덩어리로 굳게 뭉쳐 이제 우리에게 펼쳐질 ○○세기를 맞이하기 위한 힘찬 걸음을 서둘러야 할 것입니다.

끝으로 창립이래 오늘의 ○○○○이 있기까지 힘과 열의를 보내주신 선배님들께 감사를 드리며 ○○○○ 제○○호 회지발간을 위하여 애쓴 ○○○편집위원장 및 편집위원 한분 한분의 노고에 감사를 드리며 제○○호 회지의 발간을 기쁘게 생각합니다.

감사합니다.

(8) [발간사]

우리에게 펼쳐진 영광된 미래를 위해..

○○○○청년회의소 회장 ○○○

번영과 영광된 조국의 미래를 바라보며 웅비의 나래를 펴고 젊음의 씨앗을 ○○에 뿌린 지 어언 ○○년!

그동안 숭고한 ○○이념에 따라 지역사회와 국가발전, 나아가 세계와의 우정이라는 드높은 이상으로 활기찬 ○○ 운동을 펼쳐 왔던 ○○가 어느덧 창립○○주년을 맞이하여 ○○년의 역사를 한권의 책으로 모아 ○○○○년사 「○○○○」를 발간하게 된 것을 본 회의소 전 회우들과 더불어 기쁨으로 생각합니다.

○○년의 세월이 흐르는 동안 훌륭하신 선배님들의 헌식적인 노력으로 ○○년의 공적이 쌓여서 오늘의 본 회의고사 존재하게 된 것을 돌아보며 창립회원을 비롯한 선배님들의 노고에 경하의 말씀을 드립니다.

존경하는 회원 및 부인회원 여러분!

우리는 기록에 충실했던 민족이 세계사를 선도했다는 사실을 분명히 기억해야 합니다. 과거와 현재에 대한 정확한 기록 없이는 개인이나 국가의 발전이 이룩되지 않는 것입니다.

존경하는 선배님들과 우리들의 공과가 객관적인 입장에서 꾸밈없이 서술되어 현대를 살아가는 우리들에게 발전과 역사의 교훈으로 길이 보존되어야 할 것입니다.

존경하는 선배님, 그리고 회원 여러분!

지난 ○○년의 역사가 오늘의 ○○○○를 있게 한 뿌리가 되었다면 우리는 이 튼튼한 뿌리 위에 어떠한 도전에도 버틸 수 있는 굳건한 줄기를 세워야 할 것이며, 이 바탕 속에서 우리 모두에게 영광을 안겨줄 탐스러운 열매를 잉태시켜야 할 것입니다.

새천년에 청년 ○○으로서 우리에게 펼쳐진 영광된 미래를 위해 다함께 뭉칩시다. 그리고 힘차게 청년○○을 바라보면서 뛰어갑시다.

끝으로 방대한 기록들을 보다 더 자세히 엮지 못한 점, 회원 여러분의 이해를 바라며 ○○년사 편찬을 위해 수고를 하신 ○○○편집위원장을 비롯한 ○○○상임 부회장, 편집위원의 노고와 ○○○고문님과 도와주신 모든 분께 감사를 드립니다.

감사합니다.

(9) [세계회장 송년사]

긍정적 착각이 미래를 바꾼다.

○○세계회장 ○○○

2009년 기축년 한해가 저물어가고 있다. 세계적인 경제위기 속에서 다사다난 했던 2009년은 국가적으로나 개인적으로 수많은 우여곡절과 사연들이 교차했던 한 해였다. 그러기에 올 한 해에 대한 개인적인 생각과 평가는 저마다 다를 수 있겠지만 일 년이 눈 깜짝할 사이에 지나갔다는 데는 이견이 없을 것 같다.

옛날부터 세월은 유수와 같다고 했지만 ○○세계회장으로서 71개국을 순방하고 10개월이 넘는 시간을 해외에서 보낸 나로서는 더욱더 빠르게 느껴진 한해였다. GILA(Global Impact through Local Action)라는 슬로건으로 회원배가와 스폰서십확충 기후변화 문제를 가지고 힘차게 시작했던 올 한해를 마무리하는 시점에서 금융위기 여파에서도 감소 일로에 있던 회원 수를 십 수 년 만에 처음으로 증가시켰다는 보람 속에 올 한해 후회 없는 한해를 보냈다고 자부하고 싶다.

정관장 홍보대사로서 홍삼의 우수성을 알리고 기회가 날 때마다 방문국의 한국식당에 자리를 만들어 한국음식의 우수성을 알리고 대한민국의 민간 외교관으로서 대한민국을 알리는데 일조했다고 자부한다. 1962년 ○○본부 설립이후 UN사무총장으로선 최초로 세인트 루이스 ○○본부를 방문해 주신 점. 지난 7월에 열린 ○○ UN SUMMIT은 뉴욕의 UN본부가 아닌 환경의 도시 스위스 제네바에서 개최되어 많은 기후변화 대책이 논의되어 그 중에 핵심 제안을 결의안으로 채택한 점, 지난 9월에는 제64차 UN총회에서 UN이 인정하는 NGO 단체로 초청되어 7월에 채택된 ○○summit 결의안을 발표하였던 점, 그 자리에서 이명박 대통령을 비롯한 엘코어 전 미국 부통령이 자신도 ○○출신이라며 기뻐했던 일, 4개의 지역 CONFERENCE와 튀니지 하마멧에서 개최되었던 세계대회에서까지 ○○가 하는 일에는 항상 내 자리가 있었다.

하지만 무엇보다도 소중하고 중요했던 일은 아프리카 오지에서부터 남미의 작은 섬나라까지 회원들을 직접 만나고 그들의 목소리를 들으며 그들과 함께했다는데 가장 많은 보람을 느끼게 했다. 아프리카의 한 작은 섬나라인 코모로스를 방문했을 때 일어났던 일이다. 코모로스는 아프리카 남쪽 대서양, 모잠비크 해협 북부에 군도이며, 극빈국가 중 하나로 빈약한 교통시스템으로 묶여 있는 3개의 섬으로 이뤄져 있다. 그러한 환경에도 불구하고 밤늦은 시간이지만 공항에는 100여 명이 넘는 회원들이 마중을 나왔다. 늦은 시간 호텔에 도착하여 짐을 풀고 몸을 씻은 뒤 막 잠이 들려는 순간, 코모로스 중앙회장으로부터 전화가 와서 쉬시는데 죄송하지만 다른 섬에서 회장님을 보러 공항에 오려다 기상악화로 발이 묶여 지금에야 호텔로 도착한 회원들이 있으니 죄송하지만 잠시 로비로 내려와 줄 수 없느냐고 했다. 나는 흔쾌히 내려가겠다고 하고 로비로 내려가니 많은 회원들이 기다리고 있었고 그들은 나를 보자마자 이내 눈물을 흘리더니 삽시간에 주변은 울음바다로 변해버렸다. 어렵게 다른 섬에서 목숨을 걸고 풍랑을 해치고 온 회원들이 자신의 일생에 한번 볼 수 있을지 없을지 모를 세계회장을 볼 수 있었다는 감격과 안도의 눈물이었다.

지난 일 년 동안 이러한 일들을 할 수 있게 한 것도 내가 잘나서가 아니라 다 대한민국이라는 최고의 브랜드와 한국○○와 서울○○이라는 우수한 브랜드가 나를 뒷받침해주었기 때문이다. 한해를 마무리하는 이 시점에서 나를 뒷받침 해준 대한민국과 한국○○ 서울○○에 감사함을 전하며 마지막으로 우리회원들에게 해주고 싶은 말은 "긍정적 착각이 미래를 바꾼다!"이다.

여러분들은 혹시 긍정적 착각이라는 말을 들어 본적이 있는가? 내가 기부하는 단돈 100원이 아프리카의 배고픈 아이들의 주린 배를 채워줄 것이라는 착각, 내가 아끼는 물 한 방울 기름 한 방울이 세계의 물 부족과 기후변화를 해결해 줄 것이라는 착각, 우리의 뇌는 착각과 현실을 구분하지 못한다고 한다. 즉 비록 불가능하다 할지라도 그것을 현실로 믿어버리면 우리의 뇌는 그 착각을 현실로 인식하여 그것을 실현하기 위한 호르몬과 에너지를 생성한다는 것이다. 그것이 바로 긍정적 착각이다. 미국의 흑인대통령, 한국의 월드컵 4강이 현실이 되기 전에는 모두 꿈이었던 이야기지만 그것은 현실이 되었다. 한국○○가 세계○○중심이 되겠다는 것이다. 세계의 중심에서 최고의 리더가 되겠다는 긍정적 착각! 이러한 착각이야말로 여러분들이 성공적인 ○○활동을 더 나아가 인생을 성공하기에 가장 큰 자산이 되리라 생각한다.

지금 바로 여러분의 머리 앞에 이렇게 써보길 바란다. “내가 꿈꾸는 긍정적 착각이 나의 미래를 바꾼다.”

(10) [인사말]

선거관리위원장 인사말 I

선거관리위원장 ○○○

존경하는 ○○회원 및 부인회 여러분, 그리고 ○○를 일구어 오신 역대회장 및 선배님께 인사드립니다.

어려운 경제 상황 속에서도 국가와 지역발전에 앞장서 온 ○○가 ○○년 도약을 준비하는 집행부를 선출하는 뜻 깊은 날을 맞이하였습니다.

선거관리위원회는 ○○년 ○○을 위하여 노력할 선거직임원의 선출로 우리 조직의 성숙된 민주적 역량을 보여주며 입후보자 자신들의 역량을 최대한 알릴 수 있는 분위기를 조성하고 선거운동을 규정이 정한 범위내에서 자율성과 창조성을 살릴 수 있도록 최선의 노력을 다하겠습니다.

또한 선거캠페인을 통한 회원들과 직접적인 만남의 시간과 ○○조직의 대표적 문화인 선거가 축제의 장으로 승화되고, ○○내의 모범적인 표본이 될 수 있도록 모든 노력을 다 할 것입니다.

끝으로 올 한해 ○○발전을 위해 수고하신 ○○○지구회장과 임원 여러분, 그리고 선거관리위원들의 그 간의 노고에 감사드리며 입후보자를 비롯한 회원 여러분의 건승과 가정에 행복이 가득하시길 기원합니다.

감사합니다.

(11) [인사말]

선거관리위원장 인사말 Ⅱ

선거관리위원장 ○○○

안녕하십니까? 선거관리위원장 ○○○입니다.

먼저 40년의 ○○발전을 위해 헌신의 노력을 해주신 역대회장 및 선배님과 각 수석대표, 지구임원 및 회원 여러분께 깊은 감사드립니다.

어느새 한해를 마무리하고 ○○년 ○○를 이끌어갈 집행부를 선출하는 뜻 깊은 날을 맞이하게 되었습니다. 어려운 여건 속에도 ○○발전에 대한 신념과 애정을 가지고 선거직 입원에 입후보한 후보자 여러분께도 감사의 마음을 전합니다.

현재 ○○는 새로운 발전을 위한 다양한 변화와 확고한 의지가 중요한 시기라고 생각합니다. 청년들의 젊은 패기와 ○○다운 굳은 신념을 가지고 헌신과 열정을 다하고자 하는 후보들의 바른 정신이 훈련과 교육을 통해 더욱 성장하리라 기대하며 어려운 결단을 한 만큼 후회없는 ○○생활을 경험하는 귀중한 시간이 되었으면 합니다.

선거관리위원회는 ○○년 선거직 임원의 ○○역량과 자질을 기르고 후보자로서 우리조직의 성숙된 민주적 역량을 보여주며 자신들의 역량을 최대한 알릴 수 있는 분위기를 조성할 것이며 자율성과 창조성을 살릴 수 있도록 최선의 노력을 다하겠습니다.

또한 선거캠페인을 통한 회원들과 직접적인 만남의 시간과 ○○조직의 대표적 문화인 선거가 축제의 장으로 승화되고, 한국○○내의 모범적인 표본이 될 수 있도록 모든 노력을 다할 것입니다.

끝으로 올 한해 ○○발전과 본 선거를 위해 많은 노력을 해주신 ○○지구회장과 임원여러분, 그리고 선거관리위원들의 그 간의 노고에 감사드리며 33개 지방○○수석대표 및 대의원 여러분들의 건강과 건승을 기원합니다.

감사합니다.

(12) [송년사]

하나된 ○○! 세계의 중심으로!

제57대 회장 ○○○

존경하는 ○○회원 및 가족 여러분! 그리고 ○○○특우회장님을 비롯한 특우회 선배님 여러분!

어느덧 2009년 기축년이 저물어 가고 있습니다. 제가 올 해 회원 여러분의 도움이 없었다면 회장의 직분을 수행하기 어려웠을 것입니다. 회원 여러분께 감사의 말씀을 드립니다. 또한 ○○○특우회장님과 역대회장님을 비롯한 특우회 선배님들의 지원과 격려에도 깊은 감사를 드립니다.

저는 올 한 해 '하나된 ○○! 세계의 중심으로!'라는 슬로건으로 대내적으로는 회원간의 단합과 분과위원회의 활성화 등을 통하여 회원들의 질적 역량을 제고하는 한편, 대외적으로는 세계회장과 세계부회장에 대한 지원과 홍보, 자매○○ 및 우호○○와의 유대강화 등을 추구해 왔습니다.

그리고 20여 년 만에 사무국을 개편하여 새 도약의 발판을 마련하고자 최선을 다하였습니다. 힘든 날들의 연속이었지만, 누군가는 해야만 하였기에 외면하고 싶지 않았음을 기억해 주시기 바랍니다.

나름대로 의미있는 성과가 있는 부분도 있고, 다소 미진한 부분도 있는 것 같습니다. 평가는 회원 및 특우회 선배님 여러분께 맡기겠습니다. 미진한 부분은 후임 회장들이 잘해 주리라 믿습니다.

존경하는 회원 여러분!

올 한 해는 저에게 매우 의미있는 해였습니다. 전국은 물론 세계에도 많은 친구를 사귀었습니다. 전통 있고 저력 있는 ○○회장이라는 '이름값' 덕택에 스스로 한 것 보다 더 인정받기도 하였습니다.

늘 건강하시고 하시는 일마다 행운이 가득하기를 기원합니다.

회원 여러분 감사합니다.

(13) [신년사]

청년의 미래! 도전하는 ○○!

제○○대 회장 ○○○

사랑하는 ○○회원 여러분! 경인년 새해가 밝았습니다.

금년은 호랑이의 해입니다. 호랑이는 예로부터 나쁜 기운을 물리치고 민간신앙의 영물과 상징물로 널리 알려져 있습니다. 그런 만큼 올 한해 호랑이의 기운을 받아 ○○의 번영과 회원 여러분 모두의 가정과 사업에 만복이 충만할 것이라 기대해 봅니다.

지난 1954년 3월 20일, 미국공보원 소극장에서 34명의 회원으로 탄생된 ○○는 창립에서 오늘에 이르는 50여 년 동안 한국을 대표하는 ○○로서 조국 재건의 숭고한 청년운동과 지도역량개발과 지역사회개발, 그리고 세계와의 우호증진에 선구적 역할을 다 해왔습니다. 초대 ○○○회장님으로부터 제○○대 ○○○회장님에 이르기까지 회원과 더불어 ○○○의 리딩챕터로서 선도적 역할을 수행하여 왔습니다.

○○역사를 돌이켜 보건대 어느 한 해 중요하지 않은 해가 없었지만 올 해는 ○○로서 정말 중요한 한 해가 될 것이라고 생각합니다. 바로 ○○년이 회원들의 힘으로 모든 회무와 재정을 실질적으로 이끌어 나가야 하는 원년이기 때문입니다. 사실 그 동안 우리는 우리의 힘으로 해야 할 많은 일들을 망각하고 있었습니다.

올 핸 해는 다소 미숙하고 더러 실수가 있더라도 ○○정신에 입각하여 도전하는 자세로 모든 일을 각 실과 분과 위원회가 책임을 지고 사업과 행사를 해 나가야 하겠습니다. 어느 해보다 위원장의 역할이 중요하며 말로만 ○○의 꽃이 위원장이 아닌 위원장이 모든 책임을 지고 행사를 이끌어나가는 한 해가 될 것입니다. 이것이야말로 우리의 미래를 위한 초석이자 청년의 미래를 위한 실험이라고 생각합니다. 이것이 바로 올 해의 슬로건인 '청년의 미래! 도전하는 ○○!'와 가장 부합되는 부분이라 생각합니다. 저를 비롯한 올 한해 회장단은 이를 위해 아낌없는 지원을 할 것입니다.

옛 말에 '구슬이 서 말이어도 꿰어야 보배' 란 말이 있듯이 조직 개개인의 자질이 아무리 뛰어나도 하나로 묶지 못한다면 아무 소용이 없습니다. 올 한해 새로 출발하는 저희 회장단은 회원들을 하나로 묶어 하나의 목표를 가지고 다시 한 번 재도약할 수 있는 ○○가 될 수 있도록 최선을 다 하겠습니다.

항상 ○○을 위해 힘써주시는 회원 및 회원 가족 여러분과 선배님에게 감사드리며 경인년 한해에도 모든 분들의 바라는 소망을 다 이루시길 기원 드립니다. 새해 복 많이 받으세요.

(14) [인사말]

운영위원회 인사말

○○○특우회 회장 ○○○

봄기운이 완연한 오늘.

제○회 운영위원회를 맞이하여 동부인하여 참석해주신 역대 회장님 내외분 여러분들을 진심으로 환영합니다.

친애하는 회장단 여러분과 운영위원회 각분과 위원장 여러분들의 참석에도 감사와 환영의 인사를 드리는 바입니다. 오늘 이렇게 역대회장님을 비롯한 임원 여러분들은 부부동반으로 모시고 제○회 운영위원회를 개최하게 된 것은 별다른 큰 뜻이 있는 것은 아닙니다. 다만 ○○특우회라는 조직 속에서 한마음으로 살아가는 우리들의 가장 큰 덕복이 친목이라면 이에 부합된 마음가짐과 행동이 함께 해야만 되는 것이라고 생각하고 본 행사를 준비하였습니다.

○○와 함께한 역사도 50여 년을 지나고 우리 ○○특우회의 역사 또한 금년으로 26주년이 되었습니다.

혈기왕성한 청년시절의 추억을 뒤로하고, 중장년기를 지나는 우리들이 이제는 모든 분야에서 스스로의 인격과 품위를 지켜야 하며 매년 향상된 특우회문화의 정착이 절실히 요구되는 시점이기도 합니다.

현역시절에 바라만 보던 남의 집 혼사이야기는 이제 바로 우리들의 현실이 되었으며, 손자손녀의 재롱이 모임 때마다 화제 거리가 되어가는 만큼 우리들의 인생연륜이 깊어가고 있습니다.

이러한 때에 우리 ○○특우회운영위원회는 모든 부분에서 타의 모범이 되어야 하며, 1700여 전체회원의 귀감이 되고 리딩지구의 자리를 굳혀 핵심적인 특우회 문화를 창조하여 품격 향상에 선도적인 역할을 해야 한다고 저는 생각합니다.

또한 모든 행사는 전례에 따른 답습에서 벗어나 더욱 알차고 보람 있게 진행될 수 있도록 최선을 다 할 것이며, 무엇보다 다년간 축적된 경험과 훌륭하신 인격을 바탕으로 선임되신 상임위원장 여러분들의 각고의 노력으로 한 치의 오차 없는 계획과 진행으로 모든 분들이 과연 ○○특우회 다운 솜씨였다고 인정할 때 비로소 우리조직의 품위 격상과 함께 모든 회원들의 자부심이 크나큰 자산으로 남을 것입니다.

존경하는 역대회장님 그리고 임원 및 부인회원 여러분!

지난 시무식을 시작으로 정기총회, 시산제, 임원연수회까지 성공적으로 잘 마쳤습니다. 이제 춘계임원세미나가 계획되어 있습니다. 건전한 문화의 창출로 심도 있는 우정의 근간을 마련하고 보람 있는 일정으로 모든 행사를 진행하도록 저는 독려하고 있으며, 이것이 저의 운영방침입니다.

오늘 여러분들을 모시고 함께 계획된 행사내용에 대한 브리핑을 받으시고 고견 부탁드립니다.

정해진 시간에 회의를 마치고 만찬을 드신 후, 저로서는 정말 오랜만에 사랑하는 아내와 영화 관람을 하는 입장입니다만, 여러분 모두 함께 비록 작은 정성으로 마련한 문화행사에 동참하여 주시기 바랍니다.

괴테는 이런 말을 남겼습니다. "이 세상에서 해방되는 데에 예술보다 더 좋은 것은 없으며 또한 세상과 확실한 관계를 맺는 데에도 예술을 통하는 것이 가장 좋다."고 했습니다. 동시대를 살아가는 우리들이 다 같이 공감하는 문화예술행사에 동참하실 수 있도록 최대한 기회를 늘려가겠습니다.

오늘 참석해주신 역대회장 내외분과 임원부부 여러분들께 다시 한 번 감사드리며 건강과 행복을 기원드립니다.

(15) [개원사]

연수회 개원사

○○지구○○ 특우회 연수원장 ○○○

경기도 가평군 북한강변에 위치한 이곳 한바다 연수원에서 개최되는 본회 제○회 연수회 및 forum에 참석해주신 역대 회장님!

○○○회장님을 비롯한 지구임원 여러분!
○○특우회 ○○○회장님과 함께 동참하신 각 롬 회장 여러분!
대단히 반갑고 감사합니다.

본회 연수회는 지난 ○○년도 제○○대 ○○○지구 회장님 때 개최된 이래 금년이 제○회째 연수회가 됩니다.
당시 저는 총무위원장으로서 사회석에서 진행을 도왔던 기억이 새롭습니다.
금년도 연수원장직을 임명받고 정말 많은 고민을 하였습니다.

오늘 이렇게 참석하신 역대회장님과 입원 및 로칼 회장님들께서는 이미 각 분야에서 훌륭하게 일가를 이루신 분들로써 사회적 명성이나, 그 직위를 볼 때 과연 더 무엇을 배우시고 들으실 것이 있을 것인가 자칫 아까운 시간만 소모하는 연수회가 되면 어찌할 것인가를 두고 참으로 많은 걱정을 하였습니다.

그래서 우선 많은 분들의 의견을 청취해 본 결과 뜻있고 보람있는 시간을 함께 하며 무엇인가 머리와 가슴에 남을 수 있는 정성이 필요함을 느꼈습니다.

그리고 한번쯤은 공통의 과제를 주제로 하여 함께 고민해보는 것이 우리들의 책임이며 참모습이 아닐까 생각해 보았습니다.

따라서 현대시대의 제일 화두인 경제문제에 대한 강의를 우선하고 또 날로 각박해지는 인간관계에서 파생되는 의사소통 즉, 커뮤니케이션에 대한 문제를 전문가로부터 들어보고자 계획하였습니다.

그리고 우리에게 제일 소중한 건강문제를 생각하는 시간을 마련하였습니다.

이상 세 가지 주제의 강의는 원래 충분한 시간 속에 과제별로 수강 되어야 하나 시간관계상 축약하여 강의됨을 널리 양해하여 주시기 바랍니다.

그리고 함께 고민하여 생각했던 것들을 열린 광장으로 모시고져 forum을 준비하였습니다.

오늘 저녁○교시 후 친교의 시간과 함께하는 분임토의 시간에 상호 좋은 의견 개진하셔서 내일 개최되는 forum에 열띤 발표를 해주시기 바랍니다.

존경하는 임원 및 여러 및 롬회장 여러분!

1박 2일의 촉박한 일정에 다소 불편하시더라도 이곳 북한강의 봄기운을 마음껏 호흡하시고 더불어 아름다운 우정 함께 하시는 유익한 시간되시기를 간절히 빕니다.

아울러 우리에겐 아직도 가야 할 길이 멀고 할 일이 많음으로 더 보고 듣고 배울 것이 많다는 것을 공감하며 개원인사에 가름합니다.

(16) [인사말]

운영위원회 인사말

서울지구○○특우회 회장 ○○○

병술년의 새아침이 밝았습니다.

○○특우회 2006년도 제1회 운영위원회를 개최하면서 건강하신 모습을 이렇게 뵙게 되어 대단히 기쁘고 반갑습니다.

먼저 을유년 한 해 동안 본회발전을 위하여 애쓰신 ○○○ 직전회장님!

새해에도 변함없는 애정과 충고로 지도해주시기 바라며 더욱 건강하시고 복 많이 받으시기 바랍니다.

친애하는 임원 여러분!

저는 지난 연말 만감이 교차하는 감회 속에서 잠 못 이루는 밤을 보내며 시년을 맞이하였습니다.

어렵지만 성실하고 굳세게 살아온 저의 인생도 냉정하게 반추해보고 30여 년 간 청춘을 바치며 지금까지 함께해온 ○○에서 느끼는 감동과 희열, 눈물과 사랑에 대한 가치가 과연 어디에 있는가를 수없이 반문해보기도 하였습니다.

그리고 회장으로서의 책무가 더욱 크다는 것을 뼈저리게 느끼며 마음을 가다듬고 오늘 이 시간을 기다렸습니다. 저는 여러분들이 잘 아시는 바와 같이 치열한 경합 속에 회장에 당선된 사람입니다.

그리고 차기에 대한 부담 없이 정당하게 심판받아 이 자리에 섰습니다.

또한 그 누구보다도 편한 마음으로 스물아홉분의 지구임원 여러분들을 선임하였습니다. 정말 당당하고 떳떳하게 제가 그동안 보고 느낀바 대로 여러분들의 능력과 신의, 그리고 진정한 ○○다운 소명의식이 투철한 분들을 엄선하여 임명직 임원을 발표하였습니다.

이제 우리는 이렇게 만났습니다.

2006년도 우리들이 함께 해야 할 일들이 참으로 많습니다만, 우선 초심을 잃지 말고 우리의 책임과 의무를 다하는 데 최선을 다해주실 것을 부탁드리고 싶습니다. 1700여 회원과 34개 롬의 가족까지 합산하면 4000여 명이 넘는 분들이 전국적으로 관심의 대상이며 리딩지구로 소문나 있습니다.

그 중에서도 우리운영위원회는 회장단에서 논의된 사항을 바탕으로 이사회나 총회에 상정할 의안을 논의하는 중추의 의결기구이며, 친목의 근간을 지탱하는 막중한 임무가 부여된 기구입니다.

상정된 의안의 심의과정까지는 갑론을박이 있을 수 있으나, 민주적인 절차에 따른 결정 후에는 한 목소리로 동참하여 주시고 단합된 모습을 보여주셔야 합니다. 그래서 롬회장을 역임하신 분들 이상으로 운영위원으로 선임하였습니다. 그동안 연마하신 경험과 경륜을 바르고 정의롭게 펼쳐주시고 본회의위상과 품위 또한 바르게 지켜주시고 당부드립니다.

우리들의 출신 롬이 어디이던 선후배가 그 누구이던 일 년 동안 묻어두시고 우리가 선택하는 모든 결정은 본회 발전에 초석이 되고 특우회 목적 사항에 가장 충실한 기준이 된다는 것을 잊지 마시고 저와 더불어 보람 있는 한해가 될 수 있도록 최선을 다해주시기를 부탁드립니다.

이제 34개롬 신임회장들이 모두 선출되어 이분들과 함께 이사회 및 총회구성원이 되고 현안문제를 논의하고 결정할 것입니다. 여러분께서 선임자로서 잘 리드해주시고 선도적인 역할로 화합과 친목을 도모할 수 있도록 애정어린 관심을 보여주시기 바랍니다.

존경하는 ○○○직전회장님과 임원여러분!

제가 지금 이 자리에서 새삼스럽게 본회의 역사를 거론하며 미래를 말씀드리지 않아도 여러분은 너무나 잘 알고계실 것입니다.

우선 승계 사업은 빈틈없이 추진할 것이며, 소관부회장의 관장아래 관계위원회에서 한치의 빈틈없이 사전 준비를 해주셔야 합니다. 그리고 저의 공약 사항인 회관기금 대출금 조기상환문제, 이 업종 상호교류 사업 그리고 각종지식 정보를 통한 전체회원 당면문제에 도움을 드릴 수 있는 사업 등에 다같이 관심과 힘을 실어주시기 바랍니다.

친애하는 임원여러분!

일 년이란 참으로 짧은 시간입니다. 그러나 일에 매진하는 일꾼에게는 한정된 시간이 없습니다. 무엇이든 넘칠 때는 모릅니다. 건강할 때는 자칫 잊고 삽니다. 모자라고 아플 때 비로소 다른 사람의 도움 없이는 한걸음도 뗄 수 없다는 것을 절실히 알게 됩니다. 함께 살아야 한다는 것은 서로 돕고 살라는 뜻입니다. 어느 누구도 혼자 살 수는 없습니다.

말을 백 마리 가진 사람이라도 채찍 하나 때문에 다른 사람의 신세를 져야 할 때가 있습니다. 우리 모두 더불어 함께 살아가는 ○○특우회의 희망찬 미래를 위하여 최선을 다하는 역사의 주역이 됩시다. 금년 말 저의 임기가 다하는 날 성공한 회장으로서 여러분들을 다시 볼 수 있고 여러분들 덕에 소임을 다할 수 있었다고 자랑할 수 있는 회장이 될 수 있도록 총력을 경주해주시기를 거듭 당부드립니다.

여러분들이 우선 건강하셔야 됩니다. 그리고 하시는 사업에도 성공하시고 가정에서도 충실하셔서 만복이 깃드시기를 기원드리며 인사에 가름합니다.

(17) [인사말]

시무식 인사말

○○특우회 회장 ○○○

존경하는 ○○특우회 역대회장님, 임원 및 선후배 동료 회우여러분!

병술년 새해가 밝아왔습니다. 금년 한해 온 가족이 건강하시고 뜻하시는 일의 성취와, 큰 소망이루시고, 하시는 모든 일들이 일취월장 하시기를 기원드립니다.

새해 첫날 여명이 밝아올 무렵 만감이 교차하며, 준비해온 여러 가지 일중에서 가장 우선한 것은 ○○특우회장의 직분에 대한 강박관념이었습니다.

그동안 밝혀드린 소신과 같이 2006년은 <새로운 비전, 희망찬 미래>라는 슬로건을 채택하여 특우회의 정체성 확립과, 정의가 살아 숨쉬는 희망이 있는 만남의 장으로 발전시켜 나아갈 것입니다.

또한 ○○특우회 활동에서 느낀 문화적 정서를 바로잡아가며, 이런 저런 일들로 하여 상처받고 마음 아파하는 회우들이 있다면, 그분들을 위하여 치유와 따뜻한 우정을 나눌 수 있는 토양을 만들어 갈 것입니다.

고사성어 「苦盡甘來(고진감래)」라는 말의 뜻은, 고생 끝나면 즐거움이 시작된다는 말로 새로운 비전과, 문화적 정서를 바르게 이끌어갈 때 우리들의 고생은 끝이 보일 것이며 즐거움은 시작될 것입니다.

존경하는 역대회장님 그리고 임원여러분!

우리 한번 힘차게 날갯짓을 펼쳐봅시다. 모두가 웅비의 나래로 미래를 개척하는 개척자의 소임을 다하여, 존경받는 선배상을 적립하는 한해가 되도록 힘을 모아 갑시다.

지난해 임기를 마치시고 이제 직전회장으로 회무를 챙겨주실 ○○○회장님의 노고에 깊은 감사를 드립니다. 또한 회장을 보필하시며 애쓰신, 회장단 그리고 두 분의 감사님과 임원여러분의 노고에 경의와 존경을 보냅니다.

감사합니다.

(18) [취임사]

취임사

한국JCI 중앙회장 ○○○

존경하는 전국의 회원 여러분!

저는 오늘,
여러분의 자긍심을 대표하는 또 하나의 이름, 58년 역사와 전통을 자랑하는 대한민국 대표 청년단체, 사단법인 ○○의 제○○대 중앙회장에 취임하였습니다.

오늘 이 순간, 반세기 동안 ○○를 우뚝 세워주신 수많은 영원한 청년 ○○선배님들과 전국의 2만여 회원 가족들과 함께 2010년 ○○의 힘찬 도약! “change in action”이 되었음을 당당히 선포하게 되어 너무나 기쁩니다.

가슴 벅찬 희망의 날개를 활짝 펼 수 있도록 변치 않은 신뢰와 성원을 보내 주신 회원 여러분 한분 한분께 다시 한 번 뜨거운 동지애를 담아 감사의 인사를 드립니다.

친애하는 ○○회원 여러분!

저는 희망찬 2010년도를 조직 대전환의 시점으로 만들고자 합니다. 회원들의 역량과 열정의 표출을 가로막고 있는 울타리들을 걷어내고, ○○가 다시 비상할 수 있도록 조직을 혁신하려 합니다. 우리의 힘이 다함께 발휘될 수 있는 건강한 조직으로 바꿔내려 합니다.

지금은 혁신 경쟁의 시대입니다. 어느 나라, 어느 기업, 어느 조직 할 것 없이 혁신을 최우선으로 추진하고 있습니다. 우리 역시 혁신은 피할 수 없는 과제입니다.

이제 ○○의 신조와 선배들의 정신, 우리의 비전을 바탕으로 스스로가 일신우일신(日新又日新)하여 또, 다른 전통을 창조하는 조직이 되어야 하겠습니다.

그래서 저는 2010년 슬로건을 "변화를 향한 선택, 행동하는 ○○"라는 명제로 정하고 청년 정신에 입각한 행동과 실천을 바탕으로 우리 조직을 강하게 다듬는 한편 확실한 정체성을 보여주기 위한 노력을 할 것입니다.

첫째, '시스템에 기반을 둔 체계성'의 조직운영입니다.

○○는 자기를 계발하는 학교임에도 불구하고, 학생회장인 중앙회장에게 너무 많은 권한이 집중되어 있습니다. 이러한 의사결정과 사업운영의 과정을 시스템을 통해 체계화하고, 권한이양을 통해 역할과 책임을 분산하겠습니다.

또한 진행된 사업을 명확하게 평가하고 잘된 점과 개선사항을 종합하여 다음 사업의 운영과정에 반영될 수 있도록 하겠습니다.

둘째, 합리적인 조직문화로의 개선입니다.

○○회원의 활동에는 신조와 이념, 원리와 원칙이 가장 기본이 되어야 합니다. 원리원칙을 바탕으로 한 행동을 통해 자연스럽게 신조와 이념을 배워야 합니다. 그러나 우리는 정형화 된 형식과 관행, 관습, 합리적이지 못한 문화를 먼저 익히고 있습니다. 이것이 조직의 역량표출을 방해해 발전을 제약하고 있습니다. 그 한가지 예로 형식적인 의전문화를 본래 목적인 예의와 존경심을 나타내는 정

도의 합리적인 수준으로 간소화하여 실천하고, 보급하겠습니다.

셋째, ○○의 새로운 비전 제시와 중점사업을 통한 실천입니다.

조직의 역량표출을 방해하는 요소들을 걷어내는 것과 함께, 우리의 힘을 집중할 수 있는 새로운 비전을 제시하는 일도 매우 중요합니다. 새로운 트랜드를 읽어 내고, 사회를 선도할 수 있는 사업들도 함께 제시되어야 합니다.

청년문제, 통일, 실업, 여성리더, 소외계층 자립, 사회적 기업과 사회적 책임, 지역, 인재의 육성과 리더네트워크 등이 사회변화를 반영하여 새롭게 등장한 주요 키워드입니다.

이러한 키워드를 바탕으로 기존의 지역사회개발 운동에서 벗어나 우리의 영역을 넓혀야 합니다. 새로운 미래의 의제를 개척하고 선점할 수 있는 중점사업들을 기획하고, 체계적으로 추진하는데 역량을 집중시켜야 합니다.

존경하는 회원 여러분!

조직과 제도개혁은 물론 일하는 방식에서도 질적 혁신을 추진하겠습니다. 무엇보다 임원들은 물론 전 회원이 스스로 참여하는 자발적 혁신을 추진하겠습니다. 그러나 조직 내부 개혁만으로는 우리의 위상을 올릴 수 없습니다.

2010년 중점사업특별위원회가 가장 비중을 두어야 할 첫 번째 중점사업은 '청년실업의 해소'를 위한 사업들입니다. 20대 30대의 실업과 비정규직 문제는 중요한 사회 문제일 뿐 아니라, ○○회원이 될 만한 우수자원의 확보에도 영향을 미칠 수 있기 때문에 우리가 꼭 관심을 가져야 할 문제입니다.

두 번째 중점사업은 각 지자체에서의 ○○위상을 강화하는 일입니다.

2010년 지자체 선거에서 ○○출신 지역리더들이 지역정치의 중심으로 성장할 수 있도록 지원하겠습니다. 이는 단순히 ○○출신 지역정치인들을 위한 지원이 아닙니다. 지역의 정책을 결정하는 과정에서 ○○이념이 녹아 들 수 있도록 하기 위한 방안입니다. 또한 영향력 있는 인적 네트워크 구축을 통해 ○○의 사업을 지자체에 홍보하고, 지역에서 로컬과 회원들이 더욱 활발하게 활동할 수 있도록, 지원을 이끌어내기 위한 방안입니다.

셋째, 통일을 향한 청년의 책임을 다하기 위해, 탈북자들을 지원하고 통일 교육을 활성화 하는 일입니다. 그간 우리는 ○○정책연구원을 통해 탈북자들을 대상으로 하는 많은 프로그램들을 진행해 왔습니다. 경제교육, IT교육, 직업진로교육, 창업교육 등이 그것입니다. 이미 신문과 방송을 통해 여러 번 소개될 만큼, 외부기관들로부터 프로그램의 성과에 대한 인정을 받고 있습니다. 현재의 탈북자 지원 사업을 좀 더 정교화 하여 확대하고 활성화시킬 계획입니다.

넷째, 지역의 미래를 책임지기 위한, 지역사회개발 아젠다 개발과 주민 조직화 사업입니다.

'지역의 미래, 청년의 책임'이라는 신념아래 지역을 위해 로컬이 할 수 있는 일을 찾도록 지원할 것입니다. 교육, 의료, 복지, 문화, 청소년 등 지역에서 로컬이 해야 할 일들을 찾아, 이슈화 시키고 주도 할 수 있도록 포럼, 토론회, 지자체용역지원 등에 인력과 예산을 지원할 것입니다.

존경하는 회원 가족 여러분!!

궁즉통(窮卽通), 마음을 다 하면 비로소 이루어진다고 했습니다. 위기를 기회로 통하게 하는 길도 거기에 있습니다.

어려움이 닥칠 때마다 마음을 모아 위기를 돌파하는 데 앞장섰던 우리의 투지를, 우리의 저력을 다시 한 번 발휘해 봅시다.

○○와 함께 일어서는 희망의 2010년을 만들어 봅시다.

새롭게 변화해 나가기 위한 기반과 기틀을 이루는 원년으로 만들어 봅시다.

우리 조직을 젊음의 열기와 활기가 가득 찬 조직으로 변화시켜 봅시다.

또, 같은 의미로 심상사성(心想事成)이란 말이 있습니다.

마음에 간절히 원하고 바라면 반드시 이뤄진다는 뜻이죠.

2010년 경인년 새해를 맞이하면서 제 마음속에 새긴 말입니다.

무엇인가를 간절히 바라고 원하는 사람은 눈빛부터 다릅니다.

그리고 간절히 원하는 만큼 최선을 다해 추구합니다.

저는 이 설레 이는 첫 마음으로 2010년 시작합니다.

믿음이 있어야 희망이 보입니다. 희망도 믿는 것입니다.

저의 믿음이 여러분의 희망이 될 수 있도록 2010년 한 해 동안 또 뛰겠습니다.

2만 ○○회원들이 함께 뛰는 발걸음이 대한민국의 희망을 하나 더 만들어 낼 수 있다는 신념을 가집시다.

감사합니다. 건승하십시오.

(19) [인사말]

당선 인사말

2010년 지구회장 ○○○

존경하는 ○○특우회 지도자 여러분, 안녕하십니까?

다사다난 했던 2009 기축년도 서서히 저물어 한해를 마무리할 때가 왔습니다.

먼저 부족한 제가 오늘 2010년 도 지구회장 당선자로써 인사드리게 됨을 매우 영광스럽게 생각하며, 이 자리에 있기까지 도와주신 모든 분들께 진심으로 감사드립니다.

또한 2010년 로컬 회장에 당선되신 모든 분들에게 진심으로 축하드리며 협조를 당부드립니다.

지난 일 년 간의 시간은 저에게 있어 그간의 ○○생활을 되돌아보며 무엇이 진정 ○○인의 자세이고 무엇이 회원으로서의 책무인가를 깨닫게 하는 인고의 시간이었습니다.

당선이 확정된 이후부터 지금까지 번민과 고통의 시간 속에서 겸허한 마음으로 재정립하였습니다.

존경하는 ○○ 지도자 여러분!

한 마음 한 뜻으로 하나가 되는 큰 화합을 호소합니다.

이번 회장단의 선출은 실로 유래가 없는 뜨거운 경선이었습니다. 이제 선거는 끝났습니다. 저를 지지했던 회원님이건, 반대표를 던졌던 회원님이건, 이제 모두 손을 맞잡고 하나로 화합해야 합니다.

저는 2010년도 슬로건을「새로운 도전 그 첫걸음, 정직! 신뢰! 화합!」으로 정했습니다.

이는 지난날의 그릇된 관행을 과감히 탈피하고자 하는 저의 강한 의지를 담은 것입니다.

새로이 도전한다는 각오로 ○○특우회를 이끄는 첫걸음을 내딛으며 정직하게 회무를 집행하여, 신뢰 받는 ○○로 거듭나, 회원 상호간 화합하는 한해가 되도록 하겠습니다.

정직한 ○○! 신뢰받는 ○○! 화합하는 ○○!

이는 서울지구 모든 회원의 뜻이자 바램이요, 저의 소신이기 때문입니다.

존경하는 ○○지도자 여러분!

올 한해 낮은 마음으로 겸허하고 진솔하게 여러분과 대화를 나누며 함께 해왔습니다. 여러분의 강력한 성원에 힘입어 지구회장에 당선이 되었기에 여러분의 소중한 뜻을 성실히 수행할 것입니다.

현역 신입회원 확충과 소외계층을 위한 정책 개발, 회무 내실화, 경선 문제 해결, 봉사활동 등 이모든 것은 한 사람의 의지로 이루어지는 것이 아니라 여러분 모두와 함께 할 때 해낼 수 있으며 실천할 수 있기에 여러분의 적극적인 지지와 협조를 당부드립니다.

특히 2010년에는 ○○특우회 행사를 과감히 개선하여 부회장을 중심으로 전 특우회 임원이 적극 동참하여 행사를 주관함으로써 로칼 회원들의 무리한 동원과 과도한 예산을 절감하여 내실을 기하도록 힘쓸 것입니다.

어렵고 힘들게 시작하는 2010년 알차게 마무리할 수 있도록 모든 분들의 적극적인 참여와 성원을 부탁드리면서, 보다 충만된 삶, 진정한 자각을 위해 다함께 노력합시다.

끝으로 얼마 남지 않은 2009년 마무리 잘 하시고 경인년 새해에는 좋은 일만 가득한 풍요로운 한해가 되시길 기원드리며, 다시 한 번 여러분의 성원에 감사드립니다.

(20) [발간사]

발간사 1

제○○대 중앙회장 ○○○

전국의 JC가족 여러분, 안녕하십니까?

자랑스럽고도 위대한 대한민국의 청년조직인 한국청년회의소가 어느덧 올해로 60주년을 맞이하였습니다. 한국청년회의소의 창립 제60주년을 맞이하여 이를 기념하는 책자를 회원 여러분들과 함께 공유하게 됨을 매우 자랑스럽고 영광스럽게 생각합니다.

한국청년회의소는 현재 국제청년회의소의 110여 개국의 회원국 중 제4위의 회원을 보유하여 대한민국의 위상을 높이는 데 보이지 않는 민간외교의 역할을 다하고 있습니다.

1952년 창립발기인이신 12명의 선배님들이 '평택청년애향사업회'를 결성, 동년 2개의 지방회의소 40명의 회원으로 출범하여 지역사회와 조국의 재건을 목표로 한 한국청년회의소는 이후 전국의 많은 청년들에게 호응을 얻어 1977년 1만 명, 1988년 2만 명의 회원으로 증대되어, 한국사회의 산업화와 민주화를 동시에 가능하게 하였고, 대한민국의 발전과 함께하여 왔습니다.

청년은 시대를 막론하고 그 사회의 원동력이고 희망입니다. 청년은 순수한 열정과 진취적인 기상, 무한한 가능성을 가지고 있습니다. 이러한 청년들이 모인 청년회의소는 바른 청년문화를 선도하고 창조하기 위해 노력하는 단체입니다.

한국청년회의소는 지난 60년의 역사를 바탕으로 한국사회의 청년 대표 단체라는 칭호를 받아왔고, 지난 60년의 숭고한 역사는 어느 단체도 함부로 가질 수 없는 영광 그 자체인 것입니다.

이번 60년사의 발간으로 한국청년회의소가 우리의 60년 역사 속에서 숨 쉬고 있는 수많은 선배들의 고민과 희생, 그리고 그분들의 노력을 통해 한국사회에 노력해온 과정과 기여했던 과정을 통하여 조국에 대한 애국심과 청년들의 힘으로 이룩한 대한민국의 발전이 한국청년회의소의 발전과 함께하였다는 사실이 전국의 회원들과 국민들에게 널리 알려지기를 바랍니다.

또한, '역사를 알면 미래가 보인다'고 하였습니다. 2013년은 새로운 60년이 시작되는 원년입니다. 지난 60년을 매듭짓고 새로운 힘찬 도약을 위하여 이번 60년사가 우리 회원들과 우리의 후배들이 배우고 본받아야 할 내용들을 담은 지침서가 되어, 모든 회원들과 후배들이 지혜를 얻고 자긍심을 고취시켜 더욱 열심히 회원활동을 하여 대한민국이 선진국에 당당하게 진입하는 데 일조할 수 있기를 기원합니다.

이번 60년사를 준비하기까지 많은 도움을 주신 역대중앙회장님, 기병태 고문님, 안성수 논설위원장님을 비롯하여 사랑하는 홍보실 가족들과 도움을 주신 모든 분들에게 감사의 말씀을 드리며, 앞으로도 한국청년회의소의 발전을 위하여 함께하여 주시기를 바랍니다. 감사합니다.

(21) [발간사]

발간사 2

○○○

한국 JC 회원 여러분 반갑습니다.

한국 JC의 반세기 역사를 기념하고 서로의 우정을 나누기 위해 한국 JC 50년사를 발간하면서 오늘 우리는 시간과 공간의 장을 통해 50년 역사를 되새기며 우리의 현 위치와 정체성을 확인할 수 있으리라 생각합니다.

한국 JC 강령에 명시되어 있는 '자주적 자립적 자발적 실천력'은 지금의 한국 JC를 이끌어 온 원동력입니다. 지나온 50년의 역사가 우리의 자랑이면서 동시에 실천 과제인 것은 그 같은 선배들의 정열과 노력이 역사 속에 면면히 이어져 왔기 때문입니다.

존경하는 회원 여러분!

저의 취임식 때 다짐했던 각오들 - 새로운 50년을 만들기 위한 철학과 비전이 생각납니다.

바로 한국JC 50년 전통을 위한 "계승전략"과 실현가능한 것부터 바꾸는 "변화전략", 미래 비전과 철학을 정립하는 "창조전략"입니다.

미래를 향한 끊임없는 창조정신과 시대정신을 반영하는 새로운 철학과 비전의 제시, 청년다운 도전정신과 JC다운 패기, 이것이 바로 우리들 희망의 열매입니다라는 말씀을 드렸습니다.

즉, ○○○○년 한해는 우리 조직에서 가장 중요한 해이기 때문에 저의 각오는 남달랐습니다.

한국JC는 올해 참으로 많은 일들을 이루어냈습니다.

홈페이지의 원활한 운영과 인터넷 방송 개국 등의 JC 정보 네트워크 구축, 회원 연수제도의 과감한 개혁, 저소득층과 조선족 어린이들을 위한 의료지원 봉사인 사랑의 메신저 운동부터 최근 수해복구 자원 봉사 등 우리의 뜻과 힘이 하나로 뭉쳐 이룬 사업들은 가슴을 뿌듯하게 합니다.

그리고 한국 JC 50주년 기념대회와 전국회원대회는 화려한 이벤트보다 선후배를 비롯한 전 회원이 가슴 뭉클한 우정을 확인하는 자리였으며 지난 반세기를 되돌아봄과 동시에 새로운 비전과 철학을 제시한 Turning Point였습니다.

앞서 말씀 드렸듯이 저는 올해를 우리 조직의 대전환기의 시작으로 삼아 중앙회장으로서 결실보다는 튼튼한 씨를 뿌리는 역할에 최선을 다해왔습니다.

"JC의 미래는 JC 안에 있습니다."

지나온 귀중한 역사는 역대 선배님들의 귀중한 땀과 열정의 산물이었으며, 앞으로 우리가 만들어갈 새로운 50년의 역사는 이미 여러분의 가슴속에 아름다운 청사진으로 존재하고 있습니다.

한국 JC 창립 50주년 기념대회를 기점으로 우리 JC가 투명한 청년단체로서 미래의 한국사회를 이끌어 나갈 청년 지도자 단체로 성장해 나가길 바랍니다.

감사합니다.

(22) [환영사]

환영사

○○○

나라의 기둥이 되는 청년의 모습으로 멋진 미래를 꿈꾸며 각자의 영역에서 최선을 다하시는 한국청년회의소 회원 여러분 그리고 회원 가족 여러분, 새만금의 도시 전라북도 군산에서 30만 군산시민과 함께 따뜻한 환영의 인사를 드립니다.

올해는 ○○JC가 출발한 지 50년이 되는 해입니다. 반백년 군산 JC의 역사와 한국청년회의소의 미래를 위해 저희는 지난 10년간 제64차 전국회원대회를 꾸준히 준비해 왔습니다. 내실 있고 알찬 전국회원대회를 만들고자 많은 노력을 했으니 미래의 중심 새만금의 허브도시 군산의 매력에 흠뻑 빠지시는 자리가 되길 기원합니다.

'조국의 미래 청년의 책임'이라는 대명제 아래 2015년 한해를 힘차게 달려오신 ○○○ 중앙회장님께 진심으로 감사드리고, ○○○ 사무총장님을 비롯한 합동 준비위원회 여러분, ○○○ 전국지구회장님, ○○ JC 모든 회원 여러분의 노고에 다시 한 번 감사드립니다.

더불어 이번 전국회원대회가 성공적으로 개최될 수 있도록 아낌없는 지원을 해주신 ○○○ ○○○○지사님, ○○○ ○○시장님, ○○○ 국회의원님을 비롯한 군산지역 각급 기관단체장님께도 감사의 인사를 올립니다.

사랑하는 한국 JC 가족 여러분,

대한민국 1등 로컬!! 저희 ○○ JC 500여 가족과 함께 최고라는 자부심으로 여러분께 멋진 감동을 선사하는 한국청년회의소 축제의 한마당을 준비했습니다.

과거와 현재, 그리고 미래가 공존하는 무한한 가능성의 도시 ○○에서 JC 우정과 화합의 한마당이 될 제○○차 전국회원대회를 통해 좋은 추억을 만드시길 바랍니다.

감사합니다.

(23) [축사]

전국회원대회 축사

○○○

안녕하세요, 한국JC회원 여러분,

○○○○ JCI 세계회장 ○○○입니다.

제64차 한국 JC전국회원대회가 열리는 것을 진심으로 축하드립니다. 이런 전국회원대회같이 모두가 한자리에 모이는 한국 JC 큰 행사에 소감을 전할 수 있어 매우 영광스럽게 생각합니다.

특히 올해는 JC 운동 100주년을 맞이하는 터라 이번 전국회원대회는 그 어느 때보다 특별한 전국회원대회가 될 것이라고 생각합니다. 전국회원대회는 미래를 위한 전략 계획을 수립할 뿐만 아니라 회원들에게 성공과 성취에 관해 영감을 불어넣을 중요한 시기이기도 합니다.

저는 이번 전국회원대회를 통해, 더욱 끈끈해진 유대감과 새로운 비전에 회원들의 소중한 노력들이 더해져 JCI가 어떻게 사회의 모든 분야를 통합하여 지속가능한 영향력을 발휘할 수 있도록 전략적인 포지셔닝을 해나갈지 기대합니다.

그것은 여러분들이 성취해 낼 수 있는 것들이고, 이런 경험을 통해 여러 사람들을 만나고 자기 자신을 큰 그림의 일부로 바라보고 인식할 수 있을 것입니다. 전 세계의 JC 회원들은 현재 지속가능한 영향력을 만들어 나가는 중입니다.

한국JC가 앞으로 나아갈 방향에 관한 계획을 가지고 있다면, 이 계획은 여러 가지를 연결시켜야 함을 명심해야 합니다. 과거와 현재, 로컬JC와 JCI, JC 회원들과 사회 각 분야에 종사하는 사람들을 소통하게 하는 계획이 있어야 합니다. 이 기회를 빌어 각 분야를 소통을 단단히 할 수 있도록 해야 할 것입니다.

저는 한국JC가 긍정적인 변화를 창출하기 위해 노력하고 있다는 소식을 계속해서 듣고 싶습니다.

지속적인 지지와 성원에 감사드립니다. 한국JC와 전 세계의 미래를 위해 헌신, 소통 그리고 관심이 지속되기를 바라면서 100주년이 되는 올해를 기념합시다. 다시 한 번 한국 JC의 제○○차 전국회원대회 개최를 진심으로 축하드립니다.

한국JC의 발전과 회원 여러분의 밝은 미래를 기원합니다.

감사합니다.

(24) [인사말]

전국회원대회 축사

○○○

한국JC 회원 여러분, 반갑습니다.

국회 JC 동우회장을 맡고 있는 국회부의장 ○○○입니다.

'한국JC 제○○차 전국회원대회'를 진심으로 축하드립니다. 전국 각지에서 지역발전과 대한민국의 번영을 위해 청년운동에 매진하고 계신 청년지도자 여러분을 한자리에서 만나 뵙게 되어서 매우 기쁩니다.

아울러 이번 전국회원대회의 성공적인 개최를 위해 열과 성을 다 하신 ○○○ 중앙회장님을 비롯한 임원 여러분께 깊은 감사의 말씀을 드립니다.

청년정신의 본질은 도전과 개척에 있습니다. 아무도 가지 않는 길을 용감하게 가는 개척정신과 실패를 두려워하지 않는 도전정신이야말로 청년이 가질 수 있는 특권일 것입니다.

청년의 도전이 없는 나라는 발전도 없을 수밖에 없습니다. '조국의 미래, 청년의 책임'이라는 슬로건 아래 또 다른 미래를 준비하며 변화와 도전을 꿈꿀 수 있는 조직의 기틀을 만들어 나가고 있는 여러분께 깊은 감사와 경의를 표합니다.

그 기틀을 바탕으로 끊임없는 자기혁신을 이뤄나간다면 급변하는 현대사회에서 청년의 핵심가치를 재정립하며 사회와 소통하는 새로운 연결고리가 될 것입니다. 그 일련의 모든 것들이 한국JC의 발전으로 이어질 것이며, 이는 대한민국의 활력소가 되리라 믿어 의심치 않습니다.

여러분의 도전에 대한민국의 미래가 달려 있습니다. 청년지도자 여러분 한 분 한 분이 지역을 바꾸고, 나라를 바꿀 수 있습니다. 새로운 선진 대한민국을 건설하는 역사적 창조자가 되어주십시오.

저는 현역시절부터 지금까지 JC청년지도자 여러분들을 마음 깊이 존중하고 또 아끼면서 여러분의 활동을 자랑스럽게 생각해 왔으며, 순간순간이 매우 소중한 기억으로 남아 있습니다.

JC선배로서 또 국회JC 동우회장, 국회부의장으로서 여러분과 뜻을 같이할 수 있도록 끝까지 노력하겠습니다.

다시 한 번 '한국JC 제○○차 전국회원대회'를 축하드리며, 무궁한 발전과 대한민국 모든 JC가족의 건강과 행복을 기원합니다.

감사합니다.

(25) [축사]

축사

○○○

사랑하고 존경하는 한국JC 회원 및 가족 여러분!

미래의 중심 새만금의 허브 도시, 어린이행복도시 ○○에서 제○○차 전국회원대회를 열게 된 것을 매우 뜻 깊게 생각하며, 지역사회 개발과 청년운동의 선도적 역할에 매진해온 한국JC 회원 및 가족 여러분들을 만나뵙게 되어 영광스럽게 생각합니다.

또한 어려운 여건 속에서도 본 대회를 준비해주신○○○ 군산JC 회장님과 관계자 여러분께 진심으로 감사와 격려의 말씀을 드리며, ○○○ 중앙회장님을 비롯한 전국 342개 JC 회원 및 가족 여러분께 30만 ○○시민의 마음을 모아서 따뜻한 환영의 인사를 드립니다.

친애하는 한국 JC 회원 여러분!

여러분들이 찾아주신 이곳 군산은 대한민국의 지도를 바꾼 33.9㎞의 세계 최장 새만금방조제와 국내 최대의 산업단지를 가지고 있습니다. 또한 개항 116주년의 항구도시로 풍부한 관광자원이 있습니다. 아시아 경관대상을 수상한 원도심 근대문화유산과 천혜의 고군산군도, 생태환경의 낙원 금강호관광지, 도심 속 아름다운 은파호수공원 등 다양한 볼거리와 맛의 고장, 맛의 천국다운 다양한 먹거리가 풍부한 곳입니다.

○○에 계시는 3일 동안 맘껏 느껴보시길 바라며, 오늘을 계기로 우리 ○○에 많은 관심과 협조를 당부 드립니다.

끝으로 제64차 전국회원대회의 큰 성공을 기원하며, 본 대회를 계기로 한국 JC의 무궁한 발전과 여러분의 가정마다 건강과 행운이 가득하시기를 기원합니다.

(26) [축사]

축사

○○○

존경하는 한국JC 회원 가족 여러분,

안녕하십니까. 국회의원 ○○○입니다.

먼저, ○○JC 창립 제○○주년 기념을 맞이하여 열리는 <○○○○년 (사) 한국청년회의소 제○○차 전국회원대회> 개최를 진심으로 축하드리며, 본 행사 개최를 위해 애쓰신 ○○JC ○○○ 회장님을 비롯한 관계자 분들께 감사의 인사를 드립니다.

○○JC가 어느덧 50돌을 맞이했습니다. 반세기 동안 언제나 헌신적인 봉사와 사랑으로 지역사회의 든든한 버팀목이 되어주시는 JC 여러분들의 열정에 깊은 감사의 인사를 드립니다.

러시아의 대문호 톨스토이는 "나 자신의 삶은 물론 다른 사람의 삶을 삶답게 만들기 위해 끊임없이 정성을 다하고 마음을 다하는 것처럼 아름다운 것은 없다"는 말을 남겼습니다.

경제가 어렵고 힘들어도 지역 발전을 위한 JC 회원 여러분들의 변함없는 노력은 아름답게 빛날 것입니다.

아무쪼록 ○○에서 처음 개최되는 전국회원대회를 통해 새만금 ○○이 널리 알려지는 계기가 되기를 바랍니다.

다시 한 번 ○○ JC 회원들의 위상과 역량을 한 단계 높여줄 한국청년회의소 제○○차 전국회원대회 개최를 축하드리며, 참석해 주신 여러분의 건강과 행복을 바랍니다. 감사합니다.

(27) [축사]

축사

○○○

○○○ 중앙회장님과 한국JC 회원들에게,

전국회원대회 개최를 축하드립니다. 개인 사정으로 참석하진 못하지만 이런 특별한 행사에 축사를 전할 수 있게 되어 무척 영광입니다.

회원 여러분들은 ○○○○년 한 해 동안 다양한 프로젝트와 프로그램을 수행하시면서 개인과 지역사회의 발전을 이룩하였습니다. 이제는 지난 1년간 성과를 되돌아보고 어떻게 발전시켜 나아가야 할지 고려해야 할 때입니다.

○○○○년은 JCI에 있어 무척 중요한 한 해였습니다. 회원들을 포함해서 과거와 현재를 함께하는 우리 모두가 지난 한 세기 동안 긍정적인 영향력을 만들어내기 위한 JC 운동 100주년을 기념하는 자리입니다. 여러분들처럼 젊고 활동적인 분들이 지역사회 그리고 세계를 더 낫게 변화시켜 왔습니다. 올 한 해 우리는 소통을 위해 노력해왔습니다. JCI는 우리의 과거와 현재가 연결될 수 있도록 노력해왔고, 사회의 각 분야와 회원들이 소통을 하는 것에 집중해왔습니다. 한국 JC 역시 ○○○○년에 소통과 관련하여 한반도의 남과 북 통일이라는 시대적 과제에 도전하는 모습을 보여주었습니다.

JCI에서는 항구적인 평화는 가능하며 젊은이들이 그것을 이뤄낼 수 있을 것이라고 믿습니다. 여러분들은 젊은이들이고 이 목표를 달성하기 위해 서로 도울 것입니다. 그리고 여러분들은 사회의 각 분야를 통합하여 우리 사회에 사람들이 의미 있는 변화를 만들어 내도록 할 것입니다. 이런 통합은 힘을 나타내면서 전세계의 리더가 되기 위해 필요할 때 사용합니다.

지난 시간 이루어 왔던 것을 기념하는 시간을 가지고, 또 앞으로를 위해 준비하는 시간을 가져야 할 것입니다. 아직 해결 못한 과제를 마무리 지으려면 무엇이 필요한지 그리고 어떻게 ○○○○년에 영향력을 발휘하도록 이어나갈지 말입니다. 이러한 노력들이 성공적인 결실을 맺기를 희망합니다.

(28) [축사]

전국회원대회 축사

○○○

○○○ 중앙회장님과 한국JC 회원 분들께,

한국JC의 제○○차 전국회원대회 개최를 진심으로 축하드립니다.

대만JC는 이런 특별한 날 한국 JC와 함께 전국회원대회를 기념할 것입니다. 특히 올해 한국JC의 슬로건인 "조국의 미래, 청년의 책임"에 걸맞게 한국 사회에 긍정적인 변화를 만들어내며 영향력을 나타냈습니다.

저는 지난 1년여 간 왕성한 활동을 한 한국JC 회원 여러분들께 경의를 표합니다.

이러한 회원 여러분들의 노고는 전 세계의 JC 회원들에게 신선한 자극을 던져줄 것입니다. 저는 회원 여러분들이 더 나은 세계를 위해 계속해서 앞으로 나아가시기를 당부드립니다.

지금까지, 한국JC와 대만JC는 다양한 활동을 함께 해왔고, 120개가 넘는 로컬이 자매 결연을 맺는 등 끈끈한 관계를 유지해 왔습니다. 또한 이 자리를 빌어 양국이 이런 특별한 관계를 유지하게끔 많은 노력을 기울여 주신 양국의 선배님들에게도 감사드립니다.

회원 여러분들은 이번 전국회원대회를 통해 자부심을 가지시고 또 회원들끼리의 우애를 증진시키는 시간이 되셨으면 좋겠습니다.

마지막으로 회원 여러분들의 건강과 행복이 가득하시기를 바랍니다.

(29) [축사]

전국회원대회 축사

○○○

한국JC의 모든 회원분들께 제○○차 전국회원대회 개최를 진심으로 축하드립니다. 또한 올 한 해 한국JC 일본JC에 보내주신 강력한 지지에 감사드립니다. 더불어 한국JC의 특별한 행사임에도 기존의 일정 때문에 전국회원대회에 가지 못하게 된 점 진심으로 양해 부탁드립니다.

올해 한국JC에서는 "조국의 미래, 청년의 책임"이라는 슬로건으로 ○○○ 중앙회장님의 강력한 리더십을 통해 젊은이들의 지혜를 모아 왕성한 활동을 하였습니다. 저는 이러한 활동들을 통해 한국 내에서 로컬뿐만이 아닌 한국 전체에 긍정적인 변화의 바람을 일으키신 점에 경의를 표합니다.

한국JC의 100여 개가 넘는 로컬이 일본JC 로컬들과 자매 결연을 맺고 있으며, 이런 관계는 한국JC와 일본JC가 같은 길을 걸어가게 함으로써 양국의 우호를 더욱 증진시킬 것입니다.

한 젊은이에 의해서 시작된 JC 운동은 올해 100주년 기념행사를 갖습니다. 이 행사를 통해서 우리는 새로운 길을 열어 미래를 향해 나아갈 것입니다. 미래를 향해 나아가는 교류를 통해서, 양국의 우호를 소중히 여기고 나아가서 든든한 파트너로서, 아태지역의 항구적인 평화와 안정을 위해 함께 노력해야 할 것입니다.

한국JC와 일본JC 양국이 앞으로 더욱 빛나기를 바라면서 한국JC 회원 여러분들의 건강과 앞으로의 일에 건승하시기를 바랍니다.

(30) [대회사]

대회사

○○○

○○○ ○○공무원 및 가족 여러분!

또한, ○○JC 회원 및 가족 여러분 안녕하십니까?

시민의 안전을 위해 진력하는 ○○공무원 여러분의 노고에 진심으로 감사를 드립니다.

서울시민은 언제나 안락한 생활을 위해 노력하고 있습니다.

그러나 반면에 그 안락함을 위해 투혼을 바치며 희생만을 하는 누군가가 곁에 있습니다.

서울시 전역에서 대형 참사에서부터 개인의 안전사고까지 제일 먼저 도움을 요청하는 곳...

언제 어디서나 어려움과 괴로움이 발생했을 때 신고하는 119!

신고 뒤 사이렌의 빨간 불빛 아래 대기와 출동을 거듭하는 서울시 소방공무원들의 숨가쁜 움직임...

감사의 표현을 하기도 전에 다른 사고 현장으로 이동하며 검게 탄 얼굴에 피곤이 보여도 웃음 짓고 멀어져가는 빨간 불자동차...

○○JC는 50여 년의 역사를 자랑하는 대한민국 청년지도자 모임으로, 지도역량 개발, 지역사회 개발, 국제 우호증진의 3대 이념을 실천하는 범세계적 단체입니다.

○○JC에서는 지역사회개발을 위해 서울시와의 공동사업을 기획하며 서울시 ○○공무원들의 노고를 인정하고 함께 나눌 수 있는

방법을 협의하여 제○회 ○○○ ○○공무원 자녀 그림대회 및 장학사업을 개최하게 되었습니다.

본 대회는 서울시민의 안녕 뒤에 묵묵히 자리를 지켜준 소방대원들의 노고에 감사하고 ○○공무원들과 가족의 어려움을 함께 나누는 자리입니다.

이 대회를 통해 자녀들에게 ○○공무원의 역할의 중요성과 사회적 인식을 되새겨 사회의 공헌도를 가슴으로 느끼게 하는 데 일조하고 자녀 그림대회를 통해 재능이 있는 학생을 발굴하는 데 의미가 있습니다. 또한, 장학사업을 통해 순국소방공무원의 자녀에게 용기와 사랑을 나누고자 준비하였습니다.

끝으로 본 대회를 개최할 수 있도록 후원해주신 ○○○○시, ○○시 소방방재본부, ○○○○신문사와 특히 장학사업에 협찬해주신 많은 분들에게 깊은 감사를 드립니다.

또한, 서울JC 회원 및 가족 여러분의 성원에 다시 한번 감사드리며 이번 행사가 계속 사업으로 승계되길 기원합니다.

감사합니다.

○○○○. ○○. ○○.
○○○

(31) [축사]

축사

○○○

○○ JC(청년회의소) 가족 여러분, ○○ ○○공무원 가족 여러분! 반갑습니다. 평소 지역사회 발전을 위해 힘써주시고, 뜻 깊은 행사를 마련해주신 ○○ JC 여러분께 먼저 진심으로 감사의 인사를 전합니다.

이번 행사는 서울시민의 안전을 위해 헌신 · 봉사하는 소방공무원의 노고에 감사하고 그 가족들의 애환을 함께 나누는 의미 깊은 자리입니다.

위급한 순간에 누구나 가장 먼저 떠올리는 단어. 바로 119일 겁니다. 어린이부터 어르신에 이르기까지, 대형참사에서부터 작은 안전사고에 이르기까지 119의 활동영역은 참으로 넓습니다.

국민들에게, 시민들에게 가장 믿음을 주는 공직자가 누굴까. 생각해보면 저는 소방공무원 여러분을 주저 없이 떠올리게 됩니다. 하지만 그들이 이렇게 신뢰를 얻는 동안 가족이 겪는 어려움은 말로 표현하기 힘들 것입니다. 지금 이 자리에 있는 어린이들에게 소방대원 아버지는 어쩌면 좋은 아버지가 되기 힘들지도 모릅니다. 또 좋은 남편이 되기도 힘들었을 겁니다. 시민들에게는 만능 해결사지만, 언제 어디서나 밤낮을 가리지 않고 달려가야 하기 때문에 정작 가족에게는 미안한 점이 많았을 것입니다. 남들 놀 때 더 바쁘고, 남들 쉴 때 비상근무를 해야 하는 형편이니까요.

그러나 이러한 희생과 봉사가 가능한 것은 그 무엇보다 소중한 생명을 구한다는 보람 때문일 것입니다. 앞으로 서울시에서도 소방공무원들과 가족들이 일하는 기쁨, 긍지, 자부심을 더욱 느낄 수 있도록 노력하겠습니다.

그런 의미에서 오늘 이 자리가 재능 있는 소방공무원 자녀를 발굴하는 의미도 물론 있겠지만, 모처럼 가족이 함께 즐거움을 나누는 소중한 시간이 되었으면 하는 바람입니다.

다시 한번 사생대회를 기획해 주시고, 또 순국 소방공무원의 자녀를 위한 장학금을 마련해 주신 ○○ JC 여러분, 그리고 소방공무원 가족 여러분의 노고에 진심으로 감사를 드립니다. 감사합니다.

○○○○. ○○. ○○.

○○○

(32) [축사]

축사

○○○

○○시민의 안전을 위해 밤낮으로 노력하고 계시는 소방공무원 여러분과 가족분들을 모시고 제 ○ 회 ○○○ ○○공무원 자녀 그림대회 및 장학사업이 열리게 된 것을 매우 기쁘게 생각합니다.

여러분도 잘 아시다시피 우리나라는 각종 재난사고가 빈번하게 발생하고 있습니다. 통계에 따르면 지난해 서울에서 발생한 재난사고만 무려 5만 4천 5백여 건에 달한다고 합니다. 매일 1백 50건의 재난사고가 발생하는 셈입니다.

이런 어려운 환경에서도 ○○○ ○○대원 여러분들은 그동안 불굴의 희생정신을 발휘해 시민들의 안전을 지키고 많은 생명을 구해냈습니다. 서울시민의 한 사람으로서 소방대원들의 노고에 깊이 감사드립니다.

이번 그림대회에 참가한 어린이와 학생 여러분들도 아빠의 노고에 고마운 마음을 갖고 아빠의 직업에 자부심을 느끼시기 바랍니다. 그리고 오늘 행사가 바쁜 업무로 소홀할 수밖에 없었던 가족 간의 사랑을 확인하는 시간이 되기를 기원합니다.

○○○○신문은 ○○청년회의소와 함께 이 행사가 내년에도 소방공무원 가족 여러분들을 위한 축제가 되도록 발전시켜 나가겠

습니다. 끝으로 지역 경제 발전을 위해 바쁘신 가운데에서도 이런 의미 있는 행사를 개최해주신 서울청년회의소 ○○○ 회장님을 비롯한 관계자 여러분, 그리고 서울시청과 서울시 소방방재본부 관계자 여러분께 깊은 감사의 말씀을 전합니다.

○○○○. ○○. ○○.

○○○

(33) [축사]

축사

○○○

반갑습니다. 서울청년회의소의 주최로 개최되는『제31회 한국어 변론대회』를 진심으로 축하드립니다. 대성황과 큰 성공을 기원하면서, 많은 분들이 우리 한국어를 더 열심히 익히고 사랑하는 좋은 기회가 되기를 바랍니다.

저는 일본에서 당당하게 살아가시는 재일동포 여러분을 무척 자랑스럽게 생각하고 있습니다. 그러나 일본에서 태어나고 자란 2세와 3세의 후손들이 세월이 흐르면서 한국어를 말할 줄도 들을 줄도 모르는 경우가 있다면, 안타까운 일이라고 하겠습니다. 모국어는 민족동질성과 문화정체성을 확인하는 최후의 보루입니다.

우리 민족이 어디에서 살든 정서적 교감으로 하나의 문명권을 이루고 인류문명의 진화에 기여하려면, 마땅히 우리 한국어에 대한 애정과 자부심을 키워 나가야 할 것입니다.

동포 여러분, 우리 서울은『세계일류도시』의 목표와 동북아시아 금융 중심도시의 위상을 향해 힘차게 달리고 있습니다. 지난 시대에 이룩한 경제성장을 토대로, 이번에는 질적인 도약과 균형발전을 도모하여 선진국 진입의 발판을 확고하게 구축하려는 것입니다. 저는 모국이 잘되면 동포가 잘되는 것이고, 동포가 잘되면 모국이 잘되는 것이라고 생각합니다. 아무쪼록 동포 여러분께서도 뜻과 힘을 보태주시면 대단히 감사하겠습니다.

참고문헌

김정신(1992). 알기쉬운회의진행법. 서울: 형설출판사.

국제회의법연구회(2005). 회의를 통한 지도자의 길잡이. 대구: 도서출판 새벽.

단체 경영 연구회(1992). 큰 지도자 작은지도자. 서울: 홍익제.

문교부(1988). 민주적인 회의진행방법 -중·고등학교용-. 서울: 서울시인쇄공업 협동조합.

윤영원(2004). 만화회의진행법. 서울: 행법사.

이병택(1987). 지방자치와 민주적 회의진행법. 서울: 한우리.

이호진(1986). 회의는 이렇게 진행하는가. 서울: 법문사.

임영규(1996). 최신 회의진행법. 서울: 행법사.

정권용·강재태(2006). 갑론을박 알기쉬운회의진행. 서울: 교육과학사.

조량제(1987). 모범 회의진행법. 서울: 일신서적공사.

주영석(1999). 회의진행기법. 서울: 갑진 출판사.

한국청년회의소(1995). 간추린 회의진행규칙. 서울: 도서출판 제이씨.

허 규(2008). 회의진행교본. 서울: 도서출판 명사.

허홍구(1996). 회의진행법 강의. 서울: 범우사.

저자소개

안홍선(평생교육사 프리랜서 1호, 특허청상표등록)

명지대학교 사회교육대학원 졸(교육학 석사)
극동대학교 글로벌대학원 졸(사회복지학 석사)
Baguio central university 졸(교육학 박사)
중앙대학교 행정대학원 객원 교수(현)
한국청년회의소(JC)연수원 교수(현)
서울동작청년회의소(JC) 2016년 특우회장(현)
총신대 평생교육원, 극동대, 극동대 교육대학원
평생교육전공 디지털서울문화예술대학 강사(현)
명지대, 명지대 교육대학원, 서울장신대 강사 역임
국제문화대학원 대학교 사회교육학과 교수(도서관장) 역임
서울동작청년회의소(JC) 1997년 회장 역임
한국평생교육사협회 이사(전)
글로벌사회복지연구편집위원(전)
평생교육신문사 발행인(현)
한국평생교육학회 정회원(현)
국제성품태교학회 수석 부회장(현)
한국경영지도사(지도분야: 마케팅 전공)(현)
평생교육경영 인재 아카데미 회장(현)
한국평생교육 아카데미 회장(현)
베스트인재평생교육원 설립자(현)
한국치매예방힐링연구소 책임연구원(현)

제2판

평생학습사회를 위한 회의진행 -만화회의진행 · 연설문-

2010년 11월 15일 1판 1쇄 발행
2011년 11월 15일 1판 2쇄 발행
2016년 10월 25일 2판 1쇄 인쇄
2016년 10월 30일 2판 1쇄 발행

저 자 : 안 홍 선
발행인 : 김 동 규
발행처 : 교 육 과 학 사

저자와의 협의하에 인지생략

경기도 파주시 광인사길 71
전화 (031) 955-6956~8 / 팩스 (031) 955-6037
Home-page : www.kyoyookbook.co.kr
E-mail : kyoyook@chol.com
등록 : 1970년 5월 18일 제2-73호

낙장·파본은 교환해 드립니다.
Printed in Korea.

정가 12,000원
ISBN 978-89-254-1098-2